प्रस्तावना

आज पूरे विश्व में पुस्तकालय और सूचना विज्ञान अत्यंत महत्त्वपूर्ण विधा बन चुका है। एक प्रकार से यह मनुष्य जाति की मानसिक-अकादमिक प्रगति का प्रतिबिम्ब बन गया है।

नि:संदेह वैज्ञानिक और तकनीकी युग में ज्ञान प्राप्त करने के इनके साधन हैं लेकिन पुस्तकालय आज भी ज्ञान के अक्षय स्रोत बने हुए हैं। विश्व में आज मानव जाति द्वारा सहेजी गई प्रचुर ज्ञान सामग्री और सूचना स्रोत का संकलन-आलेखन वर्गीकरण और सूचीकरण की दृष्टि से पुस्तकालय और सूचना वैज्ञानिकों के समक्ष चुनौती प्रस्तुत कर रहा है।

प्रस्तुत पुस्तक *'प्रलेख प्रक्रियाकरण एवं व्यवस्थापन'* (बी.एल.आई.आई.-012) की विषय-सामग्री के विस्तृत एवं जटिल उपबंधों को तर्कपूर्ण एवं संप्रभावी ढंग से संक्षेप में प्रस्तुत किया गया है। पुस्तक की भाषा उपयुक्त, सरल एवं प्रवाहपूर्ण रखने का प्रयत्न किया गया है। पुस्तक के प्रत्येक अध्याय के प्रारंभ में अध्याय की भूमिका दी गई है जिससे छात्रों को अध्याय को समझने में सरलता होगी। इस पुस्तक की सबसे बड़ी और महत्त्वपूर्ण विशेषता यह है कि इसके अंतर्गत आपको गत वर्षों के प्रश्न पत्र हल सहित दिए जाते हैं जो आपकी परीक्षा को न केवल सरल बनाते हैं अपितु आपको परीक्षा में अच्छे अंक प्राप्त करने में भी सहायक होते हैं। पुस्तक में प्रश्न पत्रों के प्रारूप को आपके सामने बिल्कुल उसी प्रकार प्रस्तुत किया गया है जैसा आपके सामने परीक्षा केंद्र में प्रस्तुत होता है, जो आपको अपने आप में एक अलग प्रकार का आत्मविश्वास बढ़ाने में सहायक होगा।

आगामी संस्करण में आपके सुझावों को यथास्थान साभार सम्मिलित किया जाएगा। अत: अपने सुझाव नि:संकोच हमें हमारी **Email : feedback@gullybaba.com** पर या सीधे प्रकाशन के पते पर लिखें और हमें अपने सुझावों से अनुग्रहित करें।

प्रकाशक (GPH) अपने कार्यरत सहायकों व लेखकों का सहृदय आभार प्रकट करता है, जिनके सहयोग और प्रयासों के कारण ही इस पुस्तक का प्रकाशन संभव हो पाया है।

हम आपकी सफलता की कामना करते हैं।

Topics Covered

विषय-सूची

अध्याय 3. प्रसूचीकरण के मूलतत्त्व........................37
(Basics of Cataloguing)

अध्याय 4. AACR-2R का उपयोग करके दस्तावेजों का प्रसूचीकरण करना..81
(Cataloguing Documents Using AACR-2R)

अध्याय 5. व्यवस्थापन नियम.........125
(Filing Rules)

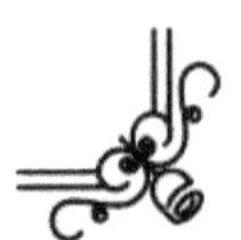

अध्याय 6. निधानीकरण तथा शेल्फ संशोधन.............139
(Filing Rules)

प्रश्न पत्र

वर्गीकरण के मूलतत्त्व
(Basics of Classification)

ग्रंथालय सामग्री का वर्गीकरण कई कारणों से किया जाता है। प्रथमत:, सामग्री को यदि उसके सही स्थान पर नहीं रखा जाए, तो उसे ढूँढ़ना बहुत कठिन है। और फिर, अगर सामग्री ग्रंथालय में आई है, तो उसे उपलब्ध भी कराना चाहिए। दूसरा कारण यह है कि वर्गीकरण के द्वारा समान विषयों से संबंधित सामग्री को एक साथ रखा जाता है। इससे किसी विशेष विषय से संबंधित सामग्री का अवलोकन संभव हो जाता है। फिर, निर्धारित वर्ग संख्या क्रम के अनुसार उपयोक्ता द्वारा लौटाई गई सामग्री को ग्रंथालय कर्मचारी फिर से उसके सही स्थान पर व्यवस्थित कर सकते हैं। इससे वह सामग्री दूसरे उपयोक्ताओं को सहज उपलब्ध हो जाती है। प्रत्येक ग्रंथालय का प्रमुख कार्य उपयोक्ता द्वारा वांछित सामग्री को सहज उपलब्ध कराना ही होता है।

प्रश्न 1. वर्गीकरण से आप क्या समझते हैं? इसके क्षेत्र और उपयोगिता का वर्णन कीजिए।

अथवा

वर्गीकरण की उपयोगिता को समझाइए।

उत्तर– वर्गीकरण का सामान्य अर्थ है–"अपनी आवश्यकताओं की पूर्ति के लिए सत्ताओं (Entities), वस्तुओं या अवधारणाओं या विचारों का सुनियोजित सामूहिकीकरण।" वर्गीकरण की धारणा मानव जीवन की सभी गतिविधियों के मूल में दिखाई देती है, अर्थात् वह हमारे जीवन का आवश्यक अंग बन गई है। हमारे दैनिक जीवन के अनेक कार्य एवं विचार प्राय: वर्गीकरण की प्रक्रिया से प्रभावित होते हैं। पंसारी की दुकान, औषध भंडार एवं वाहन, उपकरण भंडार के व्यवस्थापन, विभिन्न मोटर वाहनों की पंजीकरण संख्या, पोस्टमैन द्वारा पत्रों के वितरण संबंधी छँटनी से लेकर गृहिणियों द्वारा अपने रसोई भंडार की व्यवस्था तक में वर्गीकरण की महत्त्वपूर्ण भूमिका को देखा व समझा जा सकता है।

वर्गीकरण (Classification) शब्द की उत्पत्ति लैटिन भाषा के शब्द क्लासिस (Classis) से हुई है। 'क्लासिस' शब्द का अर्थ है श्रेणी/दर्जा या वर्ग। प्राचीन रोम में अभिजात वर्ग को कुल/वंश या संपत्ति की वास्तविक अथवा काल्पनिक सामान्य विशेषता के आधार पर इन श्रेणियों में वर्गीकृत किया जाता था, जैसे–स्वामी, दास, धनी, निर्धन आदि। इस प्रकार क्लासिस शब्द का प्रयोग मनुष्यों के उस वर्ग को सूचित करने के लिए किया जाता था, जिसमें सामान्य रूप से निश्चित विशेषताएँ विद्यमान हों तथा जो उसी वर्ग से संबंधित हों।

साधारणत: सामूहिकीकरण या वर्ग बनाने की प्रक्रिया को वर्गीकरण कहा जाता है। यह एक मानसिक प्रक्रिया है, जिसके द्वारा हम सामान्य विशेषताओं/लक्षणों के आधार पर सत्ताओं/वस्तुओं का एक साथ सामूहिकीकरण करते हैं। इस प्रक्रिया में समान वस्तुओं को एक साथ रखा जाता है तथा असमान वस्तुओं या सत्ताओं को अलग कर दिया जाता है। वस्तुओं या सत्ताओं की पारस्परिक समानता या असमानता की पहचान उनमें निहित विशेषताओं/लक्षणों के आधार पर की जाती है। इस

प्रकार वर्गीकरण प्रक्रिया में समान गुणधर्म वाली वस्तुओं या सत्ताओं की पहचान करने का प्रयत्न किया जाता है, जैसे–मनुष्य, पशु, पक्षी, गाय, बकरी, स्त्री, पुरुष आदि। किंतु यह ध्यान रहे कि 'समानता' शब्द का प्रयोग केवल किसी वर्ग की पहचान करने के लिए किया जाता है, इसके वास्तविक या तात्त्विक अर्थ में नहीं; जैसे–'भारतीय', व्यक्तियों के वर्ग के रूप में, कुछ अंशों (लक्षणों) में सदृश हैं, किंतु वे पूर्ण रूप से सर्वसम/समरूप नहीं हैं। इस प्रकार वर्ग उन सत्ताओं/वस्तुओं का समूह है जो कुछ अंशों में समान हैं एवं जो कुछ सामान्य विशेषताओं या लक्षणों से युक्त हैं तथा ये सामान्य लक्षण उनकी, वस्तुओं के किसी अन्य वर्ग से, भिन्नता सुनिश्चित करने के लिए प्रयोग में लाए जाते हैं। अत: वस्तुओं या अवधारणाओं के श्रेणीकरण को भी वर्गीकरण कहते हैं।

एस.आर. रंगनाथन ने अपनी पुस्तक 'प्रालेगोमेना टू लाइब्रेरी क्लासीफिकेशन' में वर्गीकरण शब्द के अर्थ की विस्तृत रूप से व्याख्या की है। भौतिक वस्तुओं का वर्गीकरण करते समय दो प्रक्रियाएँ 'विभाजन' एवं 'सामूहिकीकरण' अपनाई जाती हैं। रंगनाथन के अनुसार 'विभाजन' का अर्थ है वस्तुओं की दो या दो से अधिक वर्गों में छँटनी करना, जबकि 'सामूहिकीकरण' अतिरिक्त रूप से इन वर्गों को पूर्व निर्धारित अनुक्रम में व्यवस्थित करने को सूचित करता है। इसके अतिरिक्त पुस्तकालय वर्गीकरण में अंकन का उपयोग करके प्रलेखों के अनुक्रम को इस प्रकार यांत्रिक बना दिया जाता है कि उनको निधानियों पर व्यवस्थित करना और निधानियों से वापस निकालना बहुत सरल हो जाता है।

'वर्गीकरण' शब्द का प्रयोग अनेक अर्थों में किया जाता है। एस.आर. रंगनाथन के अनुसार इसका प्रयोग निम्नलिखित पाँच अर्थों में किया जाता है–

प्रथम अर्थ में वर्गीकरण 'विभाजन' प्रक्रिया को सूचित करता है, अर्थात् वरीय विशेषता के आधार पर किसी समष्टि की सत्ताओं/वस्तुओं को उप-समूहों में छाँटने की प्रक्रिया अथवा समान सत्ताओं/वस्तुओं को एक ही उप-समूह में रखना एवं असमान सत्ताओं/वस्तुओं को भिन्न उप-समूह में रखना। इस विभाजन के फलस्वरूप वर्गों एवं उप-वर्गों का सिलसिला जारी रहता है।

द्वितीय अर्थ में वर्गीकरण 'सामूहिकीकरण' प्रक्रिया को सूचित करता है। इस प्रक्रिया में किसी एक समष्टि का वर्गों में विभाजन करके उन वर्गों को किसी एक निश्चित अनुक्रम में व्यवस्थित किया जाता है, अर्थात् विभाजन के फलस्वरूप प्राप्त किए गए प्रत्येक वर्ग के क्रम की स्थिति का निर्धारण करके सभी वर्गों को किसी अधिमान्य अनुक्रम में व्यवस्थित किया जाता है।

तृतीय अर्थ में वर्गीकरण अंकन प्रदान करने की प्रक्रिया को सूचित करता है। तद्नुसार विभाजन एवं सामूहिकीकरण के फलस्वरूप उपलब्ध वर्ग–अनुक्रम में प्रत्येक सत्ता (वर्ग) को एक क्रम सूचक संख्या प्रदान करना जो किसी क्रम–सूचक अंकन पद्धति पर आधारित होती है तथा इस प्रकार का अंकन प्रदान करने का उद्देश्य है इस अनुक्रम के रख–रखाव को यांत्रिक स्वरूप देना। अनुक्रम के रख–रखाव के यांत्रिक स्वरूप का अर्थ है–

- किसी सत्ता/वस्तु को अनुक्रम से बाहर निकालने के बाद उसको पुन: उसी अनुक्रम में अपने निश्चित स्थान पर रखना; अथवा
- उसी अनुक्रम में किसी नवीन सत्ता/वस्तु का सही स्थान पर सरलता से अंतर्निवेशन या बर्हिनिवेशन करना।

चतुर्थ अर्थ में वर्गीकरण परिवर्धित समष्टि के पूर्ण सामूहिकीकरण की प्रक्रिया को सूचित करता है, अर्थात् यह प्रक्रिया तृतीय अर्थ में उपलब्ध परिणाम को नया स्वरूप प्रदान करती है। इस प्रक्रिया में एक परिवर्धित समष्टि के आनुक्रमिक सामूहिकीकरण की प्रक्रिया के फलस्वरूप उपलब्ध सत्ताएँ एवं आभासी सत्ताएँ अपनी–अपनी वर्ग संख्या के साथ एक सह–संबंधी अनुक्रम में व्यवस्थित कर दी जाती हैं।

पंचम अर्थ में वर्गीकरण उस प्रक्रिया को सूचित करता है, जहाँ चतुर्थ अर्थ की उपलब्धि से सभी सत्ताओं को हटा दिया जाता है और केवल आभासी (छद्म) सत्ताएँ या वर्ग सुरक्षित रख लिए जाते हैं, तथा प्रत्येक वर्ग का एक निश्चित वर्ग संख्या द्वारा निरूपण कर दिया जाता है।

इस प्रक्रिया के संबंध में निम्नलिखित अवधारणाओं का सहारा लिया जाता है–

- संपूर्ण सामूहिकीकरण में पृथक्-पृथक् सत्ताओं के अस्तित्व का उल्लेख नहीं होता,
- वर्ग सत्ताओं का स्थान ग्रहण कर लेते हैं।
- मूल समष्टि सहित प्रत्येक वर्ग वर्गों का एक वर्ग होता है।

पंचम अर्थ में वर्गीकरण शब्द का प्रयोग उस समय किया जाता है जबकि या तो वर्गीकरण की जाने वाली समष्टि असीम (अपरिमित) हो या किसी निश्चित समय पर कुछ सत्ताएँ अज्ञात एवं अज्ञेय हों, भले ही जिस समष्टि का वर्गीकरण करना हो वह सीमित हो। पुस्तकालय व्यवसाय द्वारा वर्गीकरण का प्रयोग पंचम अर्थ में किया जाता है।

वर्गीकरण का क्षेत्र (Scope of Classification)—जीवन के लगभग हर क्षेत्र में वर्गीकरण का प्रयोग किया जाता है। यह अधिगम की मूल प्रक्रिया है। वर्गीकरण के न होने पर अव्यवस्था तथा अराजकता की स्थिति उत्पन्न हो जाती है। सभी वस्तुओं की प्रविष्टियों, विचारों एवं अवधारणाओं का वर्गीकरण किया जा सकता है। हम व्यक्तियों, देशों, प्राकृतिक घटनाओं, पौधों, फूलों, पशुओं, पुस्तकालयों, दर्शनशास्त्रों, साहित्य, कलाकृतियों, मोटर-गाड़ियों का वर्गीकरण कर सकते हैं और इस प्रकार यह सूची बढ़ती जाती है। यह सार्वभौमिक रूप से निरंतर चलने वाली प्रक्रिया है। यह जटिल ब्रह्मांड की संरचना की खोज करने तथा अव्यवस्थित जगत में एक व्यवस्था स्थापित करने वाली एकमात्र विधि है।

वर्गीकरण के उपयोग (Uses of Classification)—वर्गीकरण एक मानसिक एवं तार्किक प्रक्रिया है। यह जीवन में ज्ञात-अज्ञात, प्रत्यक्ष या अप्रत्यक्ष रूप से हर पल चलती रहती है। प्रत्येक प्रणाली को चाहे वह जैविक (व्यक्ति), सामाजिक (सरकार, पुस्तकालय, संस्थान) या यांत्रिक (कम्प्यूटर, मशीनें) हो, सफलतापूर्वक कार्य करने के लिए वर्गीकरण करना पड़ता है। सभी व्यक्तियों को अपने जीवन में वर्गीकरण करना पड़ता है। व्यक्ति जितना अधिक प्रगतिशील तथा कुशल होता है, उतना ही बेहतर उसका वर्गीकरण होता है। उदाहरण के लिए, एक डाकिया कुशलतापूर्वक एवं समय से डाक-सामग्री का वितरण करने के लिए उस सामग्री का वर्गीकरण करता है। शीघ्रता, कुशलतापूर्वक एवं

सुगमता से वितरण करने हेतु एक डाक-सामग्री को डाक में डालने (पोस्ट करने) से लेकर वितरित करने तक विभिन्न स्तरों पर कई बार वर्गीकृत किया जाता है। एक फल-विक्रेता अपने फलों को कई श्रेणियों जैसे—संतरों, सेबों, अंगूरों आदि में वर्गीकृत करता है। इसके अतिरिक्त प्रत्येक फल के समूह को जैसे कि, सेब को उनकी प्रजातियों अर्थात् कश्मीरी सेब, शिमला सेब, सुनहरी सेब, हरित सेब आदि में वर्गीकृत किया जाता है। वर्गीकरण के प्रत्येक चरण में, वर्गीकरण करने वाला व्यक्ति वर्गीकृत सामग्री में किसी न किसी गुण की वृद्धि करता है। इस प्रकार, वर्गीकरण का मुख्य उद्देश्य मूल्य या गुणों में वृद्धि करना है।

प्रश्न 2. वर्गीकरण की प्रक्रिया को विस्तारपूर्वक समझाइए।
अथवा
वर्गीकरण में पदानुक्रम पर संक्षिप्त टिप्पणी लिखिए।
[दिसम्बर-2017, प्र.सं.-5.0 (क)]

उत्तर— वर्गीकरण सहसंबंध की प्रक्रिया है। यह क्रमबद्ध रूप एवं उद्देश्यपूर्ण ढंग से विचार करने की विधि है। यह स्मृति एवं तार्किक क्षमता के लिए सहायक होती है। इसके बिना किसी भी चीज की पहचान नहीं की जा सकती है। इसका तात्पर्य यह है कि किसी भी चीज को परिभाषित करने से पहले उसे वर्गीकृत करना आवश्यक होता है। उदाहरणार्थ, बंदूक एक आग्नेयास्त्र है, कुर्सी फर्नीचर का एक भाग है, कार का संबंध वाहन की श्रेणी से है इत्यादि। सभी विचारों एवं तर्कों में किसी न किसी प्रकार के वर्गीकरण की प्रक्रिया शामिल होती है।

किसी समूह का विभाजन या किसी व्यक्ति को समूह में सम्मिलित कुछ विशेषताओं के आधार पर किया जाता है। विशेषता किसी वस्तु या व्यक्ति का वह गुणधर्म या स्वभाव होता है, जो उसे किसी समूह के साथ जोड़ता या उससे अलग करता है। उदाहरणार्थ, व्यक्तियों के एक समूह को हम पुरुषों तथा महिलाओं में विभाजित कर सकते हैं। इस उदाहरण में विभाजन की विशेषता लिंग है। किसी विश्वविद्यालय के सभी विद्यार्थियों को पूर्व-स्नातक, स्नातकोत्तर तथा अनुसंधानकर्त्ता आदि स्तरों में विभाजित किया जा सकता है। यहाँ पर शिक्षा का स्तर एक

विशेषता है। इसी प्रकार किसी पुस्तकालय में पुस्तकों को उनके विषय के आधार पर व्यवस्थित किया जा सकता है। अत: एक विशेषता ही विभाजन का आधार होती है।

जाति-प्रजाति संबंध (Genus-Species Relation)—तार्किक रूप से किसी वर्ग या समूह को जाति कहा जाता है तथा उस जाति में किसी वस्तु या पदार्थ की विशेषता को जोड़ने से प्रजाति की उत्पत्ति होती है।

जाति + अंतर = प्रजाति

उदाहरणार्थ, मेज + पदार्थ = काँच की मेज, लकड़ी की मेज, प्लास्टिक की मेज, धातु की मेज आदि। इस उदाहरण में पदार्थ वह विशेषता है जो मेजों की रचना को विभाजित करती है।

यहाँ पर मेज जाति है, पदार्थ अंतर है तथा काँच की मेज, लकड़ी की मेज आदि मेजों की प्रजातियाँ हैं। प्राचीन दार्शनिक हर चरण पर ब्रह्मांड को दो भागों में विभाजित करने के लिए डाइकोटोमस (dichotomous) विधि का प्रयोग करते थे। यूनानी दार्शनिक पोर्फिरी (Porphyry) (232-304 A.D.) ने इस विधि का प्रयोग किया तथा परिणामी समूहों एवं उपसमूहों को 'पोर्फिरी के वृक्ष (Tree of Porphyry)' के नाम से जाना गया। हालाँकि, यह विधि कृत्रिम है, क्योंकि ब्रह्मांड की प्रत्येक वस्तु डाइकोटोमस नहीं है। विभाजन की आधुनिक पद्धति जाति-प्रजाति या पूर्ण-अंश (whole-part) पद्धति है।

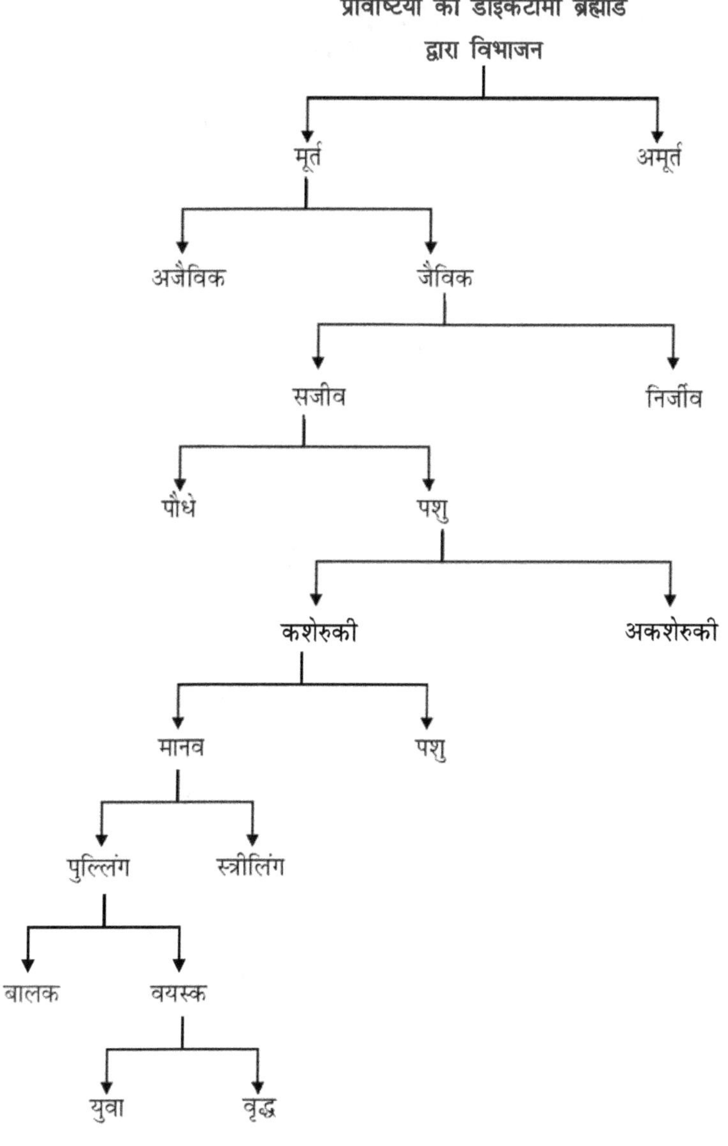

विभिन्न विशेषताओं को अपनाकर साहित्य में जाति-प्रजाति का प्रयोग किया जा सकता है–

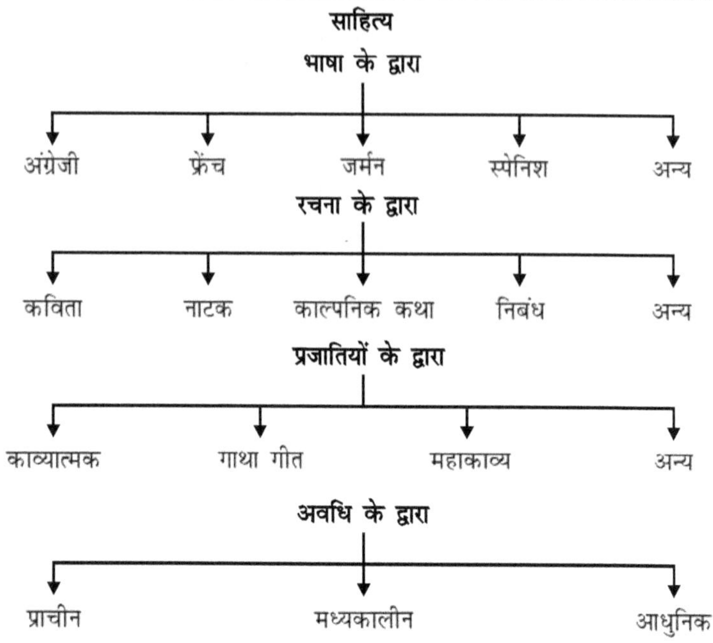

हम क्रमश: भाषा, स्वरूप, प्रजातियों तथा अवधि की विशेषताओं का प्रयोग करते हुए विस्तृत से सीमित वर्गों की ओर अग्रसर होते हैं। इन विशेषताओं की प्रकृति, गुण एवं प्रयोग की विधि बहुत महत्त्वपूर्ण है।

किसी भी वस्तु का वर्गीकरण करते समय, हमें उसके बारे में पर्याप्त जानकारी अवश्य होनी चाहिए।

प्रश्न 3. ज्ञान वर्गीकरण से आप क्या समझते हैं? यह पुस्तकालय वर्गीकरण से किस प्रकार भिन्न है?

अथवा

ज्ञान वर्गीकरण एवं पुस्तकालय वर्गीकरण के मध्य विभेद पर संक्षिप्त टिप्पणी लिखिए।

उत्तर– ज्ञान वर्गीकरण (Knowledge Classification)– आदिकाल से विद्वान एवं दर्शनशास्त्री ज्ञान के वर्गीकरण में रुचि लेते रहे हैं। उन्होंने विभिन्न विचारों को ज्ञान के पारस्परिक संबंधों के आधार पर उनके वर्ग अथवा श्रेणियाँ बनाने का कार्य किया। ज्ञान का वर्गीकरण पूर्व निश्चित विचारों एवं धारणाओं के आधार पर होता है जो कि निश्चित

रूप से कृत्रिम होता है। ज्ञान का वर्गीकरण विभिन्न विभागों एवं उप-विभागों में किया जाता है। इसमें ज्ञान जगत का विभाजन करने के लिए ज्ञान की अनुसूची निर्मित की जाती है। ज्ञान का वर्गीकरण व्यक्तिगत अथवा सामयिक सिद्धांतों पर आधारित होता है जिसे कोई दूसरा नवीन सिद्धांत प्रभावहीन एवं तर्कहीन सिद्ध कर सकता है।

इस प्रकार ज्ञान वर्गीकरण के अंतर्गत उन सभी तत्त्वों का अध्ययन किया जाता है, जिनमें कुछ तत्त्व ज्ञात एवं कुछ अज्ञात होते हैं, जो कि सिर्फ भविष्य में ज्ञात हो सकते हैं।

पुस्तकालय वर्गीकरण (Library Classification)—पुस्तकालय वर्गीकरण को पुस्तक तथा दस्तावेज वर्गीकरण कहते हैं। पुस्तकें बाह्य आकार से मूर्त अविभाज्य वस्तुएँ हैं, जिसे रूप एवं उद्देश्य के अनुसार पुस्तकालय की निधानी पर व्यवस्थित किया जाना चाहिए। इसीलिए पुस्तक वर्गीकरण वह प्रक्रिया है जो ज्ञान की खोज के लिए समय बचाने का यंत्र है। पुस्तक वर्गीकरण के अंतर्गत केवल ज्ञात सत्वों (Known Entity) का वर्गीकरण किया जाता है। पुस्तक वर्गीकरण करते समय पुस्तकों की प्रकृति के अनुसार ही उनका व्यवस्थापन किया जाना चाहिए।

इस प्रकार कहा जा सकता है कि पुस्तक वर्गीकरण, ज्ञान वर्गीकरण में निहित है। सेयर्स का कथन है कि परिस्थिति के अनुसार पुस्तकों के बाह्य रूपों द्वारा व्यवस्थित वर्गीकरण ही ज्ञान का वर्गीकरण है।

ज्ञान वर्गीकरण एवं पुस्तकालय/पुस्तक वर्गीकरण के मध्य निम्नलिखित अंतर होते हैं—

तालिका : ज्ञान वर्गीकरण एवं पुस्तकालय/पुस्तक वर्गीकरण में अंतर

क्र. सं.	ज्ञान वर्गीकरण	पुस्तकालय/पुस्तक वर्गीकरण
(1)	ज्ञान अपने मूर्त एवं अमूर्त पदार्थों का आकलन करता है।	पुस्तक वर्गीकरण उल्लिखित एवं अन्य स्वरूपों में निहित ज्ञान की अभिव्यक्ति का आकलन करता है।
(2)	ज्ञान वर्गीकरण मुख्यतया वास्तविक होता है।	यह अधिक सीमा तक कृत्रिम है एवं इसमें अंकन की आवश्यकता होती है।
(3)	यह पूर्वधारणा से युक्त विचारों पर आधारित होता है। जिसे नवीन सिद्धांत प्रभावहीन एवं तर्कहीन सिद्ध कर सकते हैं।	पुस्तक वर्गीकरण के विभिन्न रूप और उद्देश्य, मनोरंजन, शिक्षा एवं सूचना की माँग करते हैं।

Cont...

क्र. सं.	ज्ञान वर्गीकरण	पुस्तकालय/पुस्तक वर्गीकरण
(4)	ज्ञान वर्गीकरण दार्शनिकों द्वारा क्रमबद्ध नहीं किया गया है।	पुस्तक वर्गीकरण प्रणाली में विभिन्न पुस्तकों एवं पत्र-पत्रिकाओं का क्रम निश्चित किया गया है।
(5)	इसमें आत्मा एवं विषय पर अधिक ध्यान दिया जाता है।	पुस्तक वर्गीकरण में भौतिक विशेषताओं पर ध्यान दिया जाता है।
(6)	ज्ञान वर्गीकरण में चिंतन एवं विचारों का वर्गीकरण किया जाता है।	पुस्तक वर्गीकरण में लिखित प्रलेखों का वर्गीकरण किया जाता है।
(7)	ज्ञान वर्गीकरण में एक विषय एवं दूसरे विषय में कोई संबंध नहीं होता है।	इसमें एक विशिष्ट विषय एवं दूसरे विशिष्ट विषय के मध्य संबंध होता है।
(8)	इसमें दार्शनिक अपने विचारों को संतुष्टि के अनुसार वर्गीकृत करते हैं।	पुस्तकों को शेल्फों पर सहायक क्रम में व्यवस्थित करने के लिए पुस्तक वर्गीकरण किया जाता है, जिससे पाठक सुगमतापूर्वक पुस्तक प्राप्त कर सकें।
(9)	इसके लिए अनुक्रमणिका की आवश्यकता नहीं होती है।	इस वर्गीकरण हेतु अनुक्रमणिका की आवश्यकता होती है।
(10)	इस पद्धति में स्वयं के दिए गए सिद्धांतों की विवेचना की जाती है।	पुस्तक वर्गीकरण में अपने विचारों के साथ-साथ विद्वानों के सिद्धांतों का भी विवेचन किया जाता है।
(11)	इस वर्गीकरण का कोई निश्चित अनुक्रम नहीं होता है।	इस वर्गीकरण द्वारा पुस्तकों को अनुक्रम के अनुसार ही व्यवस्थित किया जाता है।
(12)	ज्ञान वर्गीकरण व्यक्तिगत ज्ञान से संबंधित होता है।	पुस्तक वर्गीकरण में ज्ञान पुस्तकों में निहित होता है।
(13)	संपूर्ण ज्ञान क्षेत्र अनिवार्यत: सामर्थ्य के बाहर है।	पुस्तकों का भौतिक रूप पूर्णतया निश्चित होता है।
(14)	ज्ञान का वर्गीकरण प्राय: लिखित रूप से नहीं पाया गया है।	पुस्तक वर्गीकरण निश्चित रूप से लिखित होता है।

प्रश्न 4. पुस्तकालय वर्गीकरण को परिभाषित कीजिए।

उत्तर— पुस्तकालय वर्गीकरण का संबंध प्रलेखों से है। ये प्रलेख मुद्रित, हस्तलिखित अथवा अन्य किसी रूप में उपलब्ध पाठ्य सामग्री हैं, अर्थात् पुस्तकें, पत्र-पत्रिकाएँ, माइक्रोफिल्म, ग्रामोफोनरिकॉर्ड्स, कम्प्यूटर फ्लोपी आदि प्रलेखों की श्रेणी में आते हैं। इन प्रलेखों को उनकी विषय-सामग्री के अनुसार सहायक एवं स्थायी क्रम में व्यवस्थित करना

होता है, जिससे किसी भी विषय पर उपलब्ध पाठ्य-सामग्री तक आसानी एवं शीघ्रता से पहुँचा जा सके तथा उपयोग के बाद उसे पुन: उसी क्रम में यथास्थान रखा जा सके।

पुस्तकालय वर्गीकरण की विभिन्न विद्वानों ने अपनी-अपनी परिभाषा दी है। ये निम्न हैं—

जे.एस. मिल्स के अनुसार, "पुस्तक वर्गीकरण साहित्य में ज्ञान की खोज के लिए समय बचाने की यांत्रिक क्रिया है।"

डब्ल्यू.सी.बी. सेयर्स के अनुसार, "पुस्तक वर्गीकरण, पुस्तकों को फलकों पर व्यवस्थित करना है अथवा पुस्तकों को पाठकों के लिए अत्यधिक उपयोगी बनाने का विवरण है।"

डॉ. रंगनाथन के अनुसार, "पुस्तक के विशिष्ट विषय के नाम को अधिमान्य कृत्रिम भाषा में अनुवाद करना ही पुस्तकालय वर्गीकरण है। इसके साथ ही वर्गीकरण एक ही विशिष्ट विषय पर असंख्य पुस्तकों का पृथक्करण भी है, जो कुछ क्रमिक संख्याओं की सहायता से होता है।"

मारग्रेट मान के अनुसार, "पुस्तकों का वर्गीकरण वस्तुत: ज्ञान का वर्गीकरण है जिसमें पुस्तकों के भौतिक स्वरूप के आधार पर आवश्यक समन्वय कर लिया जाता है।"

संक्षेप में हम कह सकते हैं कि (i) पुस्तकालय वर्गीकरण में पहले पुस्तकों की विषय-वस्तु का वर्गीकरण किया जाता है। (ii) एक ही विषय-वस्तु पर अनेक पुस्तकें हो सकती हैं। अत: उन्हें पृथक् पहचान प्रदान करने के लिए उनकी अन्य विशेषताओं, जैसे—प्रकाशन वर्ष, लेखन की भाषा एवं स्वरूप आदि के आधार पर अन्य क्रमसूचक अंक प्रदान किया जाता है। अत: पुस्तकालय वर्गीकरण प्रत्येक पुस्तक को पृथक् इकाई के रूप में पहचान प्रदान करने की प्रक्रिया है।

आधुनिक युग में ज्ञान के विस्फोट के कारण ज्ञान के नए-नए क्षेत्रों और विषयों की खोज हुई है। इस प्रकार बढ़ते हुए साहित्य को सुव्यवस्थित करने के लिए वर्गीकरण आवश्यक हो गया। पुस्तकालयों में समस्त पाठ्य-सामग्री की क्रमबद्ध व्यवस्था और आकलन का आधार वर्गीकरण ही है, जिससे कार्य तीव्र यांत्रिक गति से संपन्न होने लगता है।

प्रश्न 5. **पुस्तकालय में वर्गीकरण की उपयोगिता व प्रयोजन की विवेचना कीजिए।**

अथवा

पुस्तकालय में वर्गीकरण की आवश्यकता को संक्षेप में समझाइए।

उत्तर– पुस्तकालय वर्गीकरण प्रलेखों से संबंधित होता है। पुस्तकालय वर्गीकरण की आवश्यकता एवं प्रयोजन निम्न हैं–

पुस्तकालय वर्गीकरण की उपयोगिता/आवश्यकता (Uses/needs of Library Classification)–पुस्तकालय में ज्ञान विभिन्न रूपों में संचित रहता है, जैसे–पुस्तकें, पत्र-पत्रिकाएँ, नक्शे, ग्रामोफोन, श्रव्य-दृश्य सामग्री आदि। आधुनिक युग में प्रत्येक व्यक्ति सटीक एवं ठीक सूचना की खोज में लगा रहता है जो उसकी आवश्यकता की तुरंत पूर्ति कर सके। मनुष्य की इस आवश्यकता की पूर्ति के लिए पुस्तकालय वर्गीकरण महत्त्वपूर्ण भूमिका निभाता है। वर्गीकरण न केवल पाठक का समय बचाता है बल्कि पुस्तकालय कर्मचारियों की भी सहायता करता है। पुस्तकालय वर्गीकरण पाठक की विभिन्न आवश्यकताओं की निम्नलिखित प्रकार से पूर्ति करता है–

- किसी भी पाठक का अभिगम सर्वप्रथम लेखक द्वारा होता है। अधिकतर पाठक पुस्तकालय में किसी पुस्तक की खोज उसके (लेखक के) नाम से करते हैं, इसे लेखक अभिगम (Author Approach) कहा जाता है। इस संबंध में पाठक की सहायता लेखक प्रसूची (Author Catalogue) के द्वारा की जाती है जो कि पुस्तकालय वर्गीकरण के वर्गांक की सहायता से निर्मित की जाती है।

- पाठक पुस्तकालयों में किसी पुस्तक की खोज उसके शीर्षक के आधार पर करते हैं जिसे पाठक का शीर्षक अभिगम (Title Approach) कहा जाता है। इस संबंध में पाठक की सहायता शीर्षक प्रविष्टि द्वारा की जाती है जो कि वर्गीकरण की सहायता से निर्मित है।

- यदि कोई पाठक किसी एक लेखक की विभिन्न पुस्तकों का अध्ययन करना चाहता है तो उस स्थिति में लेखक

प्रसूची फिर से उसकी सहायता करती है जो वर्गीकरण के वर्गांक की सहायता से निर्मित होती है।

- यदि कोई पाठक किसी विशेष विषय पर पुस्तक प्राप्त करना चाहता है तो इस स्थिति में विषय-सूची उसकी सहायता करती है जो कि पुस्तकालय वर्गीकरण पर आधारित है। यदि पुस्तकालय में पुस्तकें वर्गीकरण के आधार पर व्यवस्थित नहीं होंगी तो एक विषय की पुस्तकें समस्त पुस्तकालय में बिखर जाएँगी एवं पाठक उन्हें प्राप्त करने में असमर्थ रहेगा।

अत: कहा जा सकता है कि पुस्तकालय वर्गीकरण पुस्तकालय की आधारशिला है। वर्गीकरण के अभाव में कोई भी पुस्तकालय व्यवस्थित पुस्तकालय की रचना नहीं कर सकता है।

पुस्तकालय वर्गीकरण के प्रयोजन (Purpose of Library Classification)–सेयर्स महोदय के अनुसार, पुस्तकालय की आधारशिला पुस्तकें हैं। उसी प्रकार पुस्तकालय प्रशिक्षण की आधारशिला वर्गीकरण है। पुस्तकालय वर्गीकरण के प्रयोजन निम्नलिखित हैं–

- **समान पुस्तकों को साथ लाना (Brings Like Books Together)**–पुस्तकालय एक जैसी पुस्तकों को एक स्थान पर लाता है, जो कि पाठकों एवं पुस्तकालय कर्मचारियों दोनों के लिए सुविधाजनक है। पाठक एवं पुस्तकालय कर्मचारी कम से कम समय में एक विषय की पुस्तकों को एक स्थान पर खोज सकते हैं। वर्गीकरण की सहायता से किसी विषय पर लिखी अज्ञात पुस्तकों को भी एक स्थान पर लाया जा सकता है।

- **समय की बचत करना (Saves Time)**–पुस्तकालय वर्गीकरण पाठकों एवं कर्मचारियों का समय बचाने की महत्त्वपूर्ण विधि है। पुस्तकालय वर्गीकरण, पुस्तकालय विज्ञान के चतुर्थ सिद्धांत की माँग को संतुष्टि प्रदान करता है। यदि पुस्तकालय में वर्गीकरण की किसी अन्य विधि को अपनाया जाता है जैसे कि वर्णानुक्रम व्यवस्थापन अथवा कालक्रम के

अनुसार व्यवस्थापन तो एक विषय की पुस्तकें एक स्थान पर एकत्र न होकर पुस्तकालय में बिखर जाएँगी। इसीलिए पुस्तकों का विषयवार व्यवस्थापन पाठकों के महत्त्वपूर्ण समय की बचत करता है।

- **यह पुस्तकालय का कमजोर एवं मजबूत पक्ष बताता है (It Reveals the Weakness and Strength of Library)**—पुस्तकालय वर्गीकरण के माध्यम से एक विषय की सभी संबंधित पुस्तकें एक स्थान पर एकत्र की जाती हैं। इस प्रकार यह पता लगाया जा सकता है कि पुस्तकालय में किस विषय के संग्रह पर और अधिक ध्यान देने की आवश्यकता है? इस प्रकार पुस्तकालयों में वर्गीकरण संग्रह विकास में महत्त्वपूर्ण योगदान देता है।

- **शेल्फों पर क्रम व्यवस्था (Arrangement on Shelves)**— पुस्तकालय विज्ञान के पंचम सिद्धांत के अनुसार "पुस्तकालय एक वर्धनशील संस्था है।" इस संदर्भ में पुस्तकालय में नई पुस्तकों की संख्या बढ़ती रहती है। इस प्रकार नवागंतुक पुस्तकों को उनके समुचित विषयानुसार वर्गीकरण द्वारा ही व्यवस्थित किया जा सकता है।

  इसी प्रकार पाठकों द्वारा उपयोग करने के पश्चात् वापस की गई पुस्तकों को यथावत् क्रम से रखने में पुस्तकालय वर्गीकरण से ही सुविधा प्राप्त होती है। अत: शेल्फों के क्रम व्यवस्थापन को सुव्यवस्थित रखने में यह विधि उपादेय एवं महत्त्वपूर्ण है।

- **संचरण प्रक्रिया में सहायता (Help in Circulation Process)**—संचरण प्रक्रिया में वर्गीकरण महत्त्वपूर्ण सहायता प्रदान करता है। पाठकों को पुस्तक प्रदान करने के पश्चात् अध्येता पत्रक जिसमें पुस्तक पत्रक संलग्न होता है, उसे वर्गांक के क्रमानुसार ट्रे में व्यवस्थित कर दिया जाता है। संचरण प्रक्रिया में दैनिक निर्गमित पुस्तक पत्रों के वर्गांकों की सहायता से यह पता लगाया जा सकता है कि किसी

विषय विशेष पर कितनी पुस्तकें निर्गमित की गई हैं। यह प्रक्रिया पुस्तकालयाध्यक्ष को पाठकों की माँग एवं रुचि की जानकारी प्राप्त करने में सहायता प्रदान करती है, जिसकी सहायता से पुस्तकालयों में वित्त एवं मानव शक्ति का सर्वोत्तम उपयोग किया जा सकता है।

- **प्रसूचीकरण प्रक्रिया में सहायता** (Help in Cataloguing Process)—पुस्तकालय में प्राप्त पुस्तक सर्वप्रथम वर्गीकृत की जाती है, उसके पश्चात् ही पुस्तक का प्रसूचीकरण किया जाता है। पुस्तक का प्रसूचीकरण करते समय प्रसूचीकार वर्गीकरण द्वारा प्रदान किए गए वर्गांक के आधार पर विषय शीर्षक की खोज करता है। इसी प्रकार निर्मित प्रसूचियाँ भी वर्गानुक्रम में व्यवस्थित की जाती हैं जो कि सिर्फ वर्गांक के आधार पर ही संभव है।

  पुस्तकालय वर्गीकरण की सहायता से अनेक संदर्भ ग्रंथसूची का निर्माण किया जाता है।

- **भंडार सत्यापन** (Stock Verification)—पुस्तकालयों में निश्चित अंतराल पर भंडार सत्यापन किया जाना एक आवश्यक कार्य है, जो कि निधानी सूची की सहायता से किया जाता है। यह निधानी सूची वर्गीकरण की सहायता से निर्मित की जाती है।

- **सांख्यिकीय आँकड़े** (Statistical Data)—पुस्तकालयों के सफलतम संचालन एवं व्यवस्था में सुधार हेतु पुस्तकालयी सेवाओं का मूल्यांकन आवश्यक होता है। वर्गीकरण के द्वारा सांख्यिकीय आँकड़े एवं वार्षिक प्रतिवेदन तैयार करने में महत्त्वपूर्ण सहायता प्राप्त होती है।

अत: पुस्तकालय वर्गीकरण पाठकों एवं कर्मचारियों के समय की बचत करता है एवं पुस्तकों को एक ऐसे क्रम में व्यवस्थित करता है, जिससे पाठकों एवं कर्मचारियों को पाठ्य सामग्री का आदान-प्रदान करने में सुविधा प्राप्त होती है। जी.पी.एच. की पुस्तकों का मुख्य उद्देश्य ज्ञान के साथ-साथ अच्छे नम्बर दिलाना है।

प्रश्न 6. पुस्तकालय वर्गीकरण की प्रमुख पद्धतियों का उल्लेख कीजिए।

उत्तर– पुस्तकालय में पाठ्य सामग्री का संग्रह किया जाता है एवं इसके उपयोग की व्यवस्था की जाती है। इस व्यवस्था की पद्धति को वर्गीकरण पद्धति कहा जाता है। वर्गीकरण का मुख्य उद्देश्य पाठ्य सामग्री को इस प्रकार व्यवस्थित करना है, जिससे इसका उपयोग सुविधापूर्वक हो सके। इसके लिए आवश्यक है कि एक वैज्ञानिक वर्गीकरण पद्धति हो।

वर्गीकरण पद्धति के प्रकार–पुस्तकालय वर्गीकरण का मुख्य उद्देश्य विषय के अनुसार पुस्तकों का वर्गीकरण करना है। डॉ. रंगनाथन के अनुसार विषयों के वर्गीकरण के लिए मुख्य रूप से निम्न पद्धतियाँ हैं–

(1) परिगणात्मक पद्धति (Enumerative Scheme)

(2) लगभग परिगणात्मक पद्धति (Almost Enumerative Scheme)

(3) लगभग पक्षात्मक पद्धति (Almost Faceted Scheme)

(4) अपरिवर्तनीय पक्षात्मक पद्धति (Rigidly Faceted Scheme)

(5) मुक्त पक्षात्मक पद्धति (Freely Faceted Scheme)

पुस्तकों एवं अन्य पाठ्य-सामग्री को सहायक क्रम में व्यवस्थित करने के लिए अनेक वर्गीकरण पद्धतियों की समय-समय पर रचना की गई। इनमें प्रमुख पद्धतियाँ निम्न हैं–

(1) **दशमलव वर्गीकरण** (Decimal Classification)– मैलविल ड्यूई (1876)

(2) **विस्तारशील वर्गीकरण** (Extensive Classification)– चार्ल्स एमीक्टर (1891)

(3) **लाइब्रेरी ऑफ कांग्रेस वर्गीकरण** (Library of Congress Classification)–लाइब्रेरी ऑफ कांग्रेस (1904)

(4) **सार्वभौम दशमलव वर्गीकरण** (Universal Decimal Classification)–इंस्टीट्यूट इंटरनेशनल डी बिब्लियोग्राफी (1905)

(5) **विषय वर्गीकरण** (Subject Classification)–जेम्स डफ ब्राउन (1906)

(6) **द्विबिंदु वर्गीकरण** (Colon Classification)—एस. आर. रंगनाथन (1933)

(7) **वाङ्मयात्मक वर्गीकरण** (Bibliographic Classification)— एच.ई. ब्लिस (1935)

(8) ब्रॉड सिस्टम ऑफ आर्डरिंग (BSO) (1978)

(9) बिब्लियोग्राफिक क्लासीफिकेशन, 2nd ed. (बी.सी.) (1977)

प्रश्न 7. वर्गीकरण की अवस्था और इसके चरणों की चर्चा कीजिए।

उत्तर– वर्गीकरण की चार क्रमिक अवस्थाएँ निम्नलिखित हैं–

(1) अपनी नियत वर्गीकरण पद्धति के शब्दों में, दी हुई पुस्तक का विषय एवं वर्ग निर्धारित करना तथा उस पर उचित वर्ग संख्या लगाना।

(2) यदि आवश्यक हो तो वर्ग संख्या में 'मानक उपविभाग' की संख्या लगाना।

(3) पुस्तक संख्या या ग्रंथांक नीयत करना।

(4) अलमारियों में यथास्थान रखने के लिए आवश्यक हो तो संग्रहांक लगाना।

यहाँ प्रथम स्थिति ज्ञान वर्गीकरण के क्षेत्र में संबद्ध है तथा अन्य तीनों अवस्थाएँ पुस्तक-वर्गीकरण के क्षेत्र में आ जाती हैं।

वर्गकार को प्रारंभ में साधारणत: पहली दो ही अवस्थाओं को सीखकर उनका अभ्यास करना पड़ता है। इस प्रकार आगे सर्वप्रथम उन्हीं अवस्थाओं से संबंधित कुछ सिद्धांतों को विस्तार से दिया जा रहा है।

विषय निर्धारित करना तथा उपयुक्त वर्ग विभाग व मानक उपविभाजन आदि की संख्याएँ नीयत करना–

वर्गकार के अल्पतम कार्य की परिधि–एक वर्गकार को इस विषय में न्यूनतम इतना कार्य कर सकने योग्य तो होना चाहिए कि वह–

(1) दी हुई पुस्तक का पहले प्रधान विषय जानकर मुख्य वर्ग निर्धारित कर सके।

(2) तदुपरांत उसमें वर्णित अन्य विषयों को पूरी निर्धारितता के साथ निर्धारित करके नीयत वर्गीकरण पद्धति में उनके पूर्णत: उपयुक्त व उपयोगी स्थान का निर्णय कर सके।

(3) प्रतीक चिह्नों का तथा मानक उपविभाग आदि वर्गीकरण पद्धति के सहायक तत्त्वों का यथाविधि ठीक-ठीक प्रयोग कर सके।

सामान्य आवश्यकता–इस कार्य में दक्षता निम्न बातों पर निर्भर है–

(1) नीयत वर्गीकरण पद्धति की पूरी जानकारी।

(2) तद्विषयक समस्त सिद्धांतों तथा कार्य-पद्धतियों का संपूर्ण ज्ञान।

(3) एक विस्तृत साधारण ज्ञान। वर्गीकरण सारणियों के पारिभाषिक ज्ञान के न होने से उतनी गलतियाँ नहीं होती हैं जितनी कि विषय निर्धारण में साधारण अज्ञानता से हो जाती हैं। व्यक्ति जितना अच्छा चलता-फिरता विश्वकोश बन सकेगा, वह उतना ही ज्यादा सफल वर्गकार हो सकेगा।

वर्गीकरण की प्रक्रिया को इस तरह के प्रश्न पूछकर प्रारंभ कीजिए–

(1) पुस्तक का विषय क्या है?

(2) वह रूप कौन-सा है जिसमें कि वह उपस्थित की गई है?

_तालिकाओं का विचार–_

(3) तालिकाओं में उस विषय के लिए मुख्य शीर्षक (मुख्य वर्ग) कौन-सा हो सकता है?

(4) अंत में बिल्कुल निर्धारित विषय क्या होगा?

तीन कार्य–प्रथम स्थिति में वर्गांक नीयत करने में हमें तीन बातों पर विचार करना पड़ता है–

(1) पुस्तक वर्गांक के लिए मुख्य वर्ग के पहले अंक को चुनना।

(2) तदुपरांत पहले अंकों को क्रमश: चुनते जाना, जबकि अंत में मानक उपविभाग की संख्या लगाने के समय आ जाता है।

(3) तत्पश्चात् द्वितीय स्थिति में मानक उपविभाग आदि के अंक लगाकर वर्गांक को आवश्यकतानुसार ज्यादा सूक्ष्म और निर्धारित कर दिया जाता है।

पुस्तक वर्गीकरण के प्रमुख चरण

(1) नियम अनुपालन

(क) **मुख्य नियम**–सुविधा और उपयोगिता का नियम–वर्गीकरण का सारा कार्य पुस्तकालय के उपयोगकर्ताओं की 'सुविधा' के लिए ही होना चाहिए। इस प्रकार किसी एक पुस्तक को ऐसे स्थान पर रखिए

जहाँ वह ज्यादा उपयोगी हो सके। ऐसा होने पर पाठक उसे ज्यादा से ज्यादा सरलता से प्राप्त कर सकेंगे। साथ ही ऐसा करते हुए उसका कारण भी बताना चाहिए।

(ख) सामान्य कृति और साहित्य वर्ग के अलावा दूसरे वर्गों में किसी पुस्तक का पहले उसके विषय के शब्दों में वर्गीकरण कीजिए और बाद में उस रूप के शब्दों में, जिसमें कि वह विषय उपस्थित किया गया है (रूप की अपेक्षा विषय प्रधान होता है) 'सामान्य कृति' और 'साहित्य वर्ग' में रूप की प्रधानता रहती है। 'रूप' के लिए रूप वर्ग या मानक उपविभाग के अंकों की आवश्यकता होती है।

(ग) पुस्तकों का वर्गीकरण करते हुए सुविधा के नियम के शब्दों में ही पुस्तकालय के स्वरूप, आवश्यकता तथा प्रकाशन के प्रकार का भी ध्यान रखना चाहिए। विशेषकर तब जबकि पुस्तकें संगृहीत कृतियों के रूप में हों या किसी विद्वत् परिषद का कोई प्रकाशन हो।

किसी प्राचीन 'इंग्लिश टैक्स्ट सोसायटी' की प्रकाशित पुस्तकों को एक ही स्थान पर वर्गीकृत करना उपहासपरक ही होगा।

(घ) ऐसे वर्गीकरण से सदा ही बचना चाहिए जो विवाद का या आलोचना का विषय बन सकता हो। किसी विषय के पक्ष और विपक्ष की पुस्तकें साथ ही रखी जानी चाहिए।

(ङ) पुस्तक को लिखने में लेखक का अभिप्राय क्या था, इसे समझ कर पुस्तक का वर्गीकरण कीजिए।

(च) पुस्तक विशिष्ट प्रकृति हो जो कि पुस्तक का चरित्र प्रकट कर सके, जिसके आधार पर पुस्तक का वर्गीकरण कीजिए।

(छ) स्थान को विषयांश के अधीनस्थ कीजिए। अगर किसी विषय के तहत स्थाई उपविभाग नहीं दिए गए हैं, तो स्थानीय दशाओं को बताने वाली पुस्तकों को सीधे विषयांश के तहत रखिए। किसी बड़े विभाग के तहत न रखिए जिसके लिए स्थानीय विभाग दिए हैं।

(2) **विषय निर्धारित करना**—किसी पुस्तक का विषय निर्धारित करने के लिए उस पुस्तक की मुख्य प्रवृत्ति या उसका स्पष्ट उद्देश्य तथा उसके लेखक की इच्छा को जानना चाहिए। इस ज्ञात करने के लिए निम्नलिखित साधनों को अपनाना चाहिए—

(क) पुस्तक का नाम

(ख) पुस्तक की विषय सूची

(ग) अध्यायों के शीर्षक

(घ) भूमिका, प्राक्कथन आदि

(ङ) अनुक्रमणिका

(च) संदर्भ पुस्तक

(छ) पुस्तक का वास्तविक पाठ्यभाग

(ज) विशेषज्ञ

(3) वर्गसंख्या नियत करना

(क) पुस्तक की वर्गसंख्या उसके संपूर्ण विषय की सूक्ष्मतम निर्देशिका होनी चाहिए।

(ख) न केवल पुस्तक के विषय क्षेत्र एवं रुख को ही देखना चाहिए, साथ ही संबंधित पुस्तकालय की प्रकृति और विशेषताओं का भी विचार करना चाहिए जिससे कि पुस्तक ज्यादा से ज्यादा सुविधापूर्वक उपयोग में आ सके।

(4) एकरूपता एवं अविरोध के लिए–सब कठिनाइयों का और किसी समय किए गए निर्णय का यथास्थान सुविधाजनक समुचित लेखा रखना चाहिए जिससे कि भविष्य में भी संबद्ध विषयों की पुस्तकें एक साथ ही रखी जा सकें।

(5) वर्गीकरण पद्धति का अभ्यास और परिचय

(क) अपनाई गई पुस्तक वर्गीकरण पद्धति की तालिकाओं को बार-बार पढ़ना चाहिए। विशेष तौर से वर्ग संख्या बनाने की पद्धति को समझना चाहिए।

(ख) अपने पुस्तकालय के संग्रह की (विशेषतौर से) नई पुस्तकों के वर्गीकरण को ध्यान से देखते रहना चाहिए।

(ग) जहाँ तक संभव हो पुस्तकों, आलोचनाओं और विभिन्न लेखों के वर्गीकरण में अपना ज्यादा से ज्यादा समय लगाना चाहिए और अपने किए गए निर्णय की परीक्षा ऊपर की ओर के मुख्य वर्गों तथा अनुक्रमणिका से कर लेनी चाहिए।

(घ) काफी अच्छा अध्ययन वर्गीकृत सामयिक सूचियों के देखने से तथा उनमें परीक्षा करने से हो सकता है।

(ङ) सदा यह ध्यान रखना चाहिए कि अनुक्रमणिका से कभी भी वर्गीकरण नहीं करना चाहिए, उससे अपने निर्णयों की केवल जाँच करनी चाहिए।

(च) पद्धति में दी गई भूमिका तथा प्रारंभिक निर्णयों एवं निर्देशों को बार-बार पढ़ते रहना चाहिए।

प्रश्न 8. वर्गीकरण संख्या निरूपित करते समय ध्यान में रखे जाने वाले कुछ सिद्धांतों को बताइए।

अथवा

वर्गीकरण के सिद्धांत पर संक्षिप्त टिप्पणी लिखिए।

[दिसम्बर-2017, प्र.सं.-5.0 (घ)]

उत्तर– वर्गीकरण संख्या निरूपित करते समय ध्यान में रखे जाने वाले कुछ प्रमुख सिद्धांत निम्नलिखित हैं–

(1) सबसे पहले विषय के अनुसार जटिल विषय को श्रेणीबद्ध करना चाहिए, उसके उपरांत विषय के रूप के अनुसार श्रेणीबद्ध करना चाहिए।

(2) मिश्रित विषय को उस जगह श्रेणीबद्ध करना जहाँ वह सबसे उपयुक्त हो। उदाहरण के लिए, 'पुस्तकालय में कंप्यूटर का प्रयोग' पुस्तक को 'पुस्तकालय विज्ञान पेशेवर' श्रेणी में ज्यादा उपयुक्त माना गया है न कि 'कंप्यूटर विज्ञान छात्र' में। अत: यह 'पुस्तकालय विज्ञान' में श्रेणीबद्ध होना चाहिए।

(3) जटिल विषय की सामग्री को उस सामग्री से संबंधित समव्यापी (Co-extensive) विषय में रखना चाहिए। उदाहरण के लिए, पुस्तक 'मुगलों का इतिहास' को 'इतिहास', 'भारत का इतिहास', 'मुगलों का इतिहास' या 'भारत के मुगलों का इतिहास' में श्रेणीबद्ध करना चाहिए। इसमें सबसे उपयुक्त 'भारत में मुगलों का इतिहास' श्रेणी है।

(4) जब एक पुस्तक/दस्तावेज दो या तीन विषयों से संबंधित हो तो इसे उस श्रेणी में रखना चाहिए जो मुख्य विषय हो या उस विषय में श्रेणीबद्ध करना चाहिए जो सबसे पहले बात की गई हो।

(5) जब एक पुस्तक में तीन से ज्यादा विषय देखे जाएँ तो उसे ऐसी श्रेणी में रखना चाहिए जिसमें वो सारी श्रेणियाँ समाहित हों। उदाहरण के लिए, एक पुस्तक 'हिंदी पर संस्कृत का प्रभाव' को हिंदी साहित्य में श्रेणीबद्ध करना चाहिए, क्योंकि इसका मुख्य विषय हिंदी है।

(6) आत्मकथा जैसे जटिल विषय को जिस व्यक्ति की आत्मकथा है उसके नाम के अंतर्गत ही श्रेणीबद्ध करना चाहिए, जब तक कि 'आत्मकथा' विषय का संग्रह न हो जाए।

(7) इसी प्रकार एक समस्या यह भी देखी जाती है, जब हम किसी ऐसे व्यक्ति को श्रेणीबद्ध करते हैं जिसने विभिन्न क्षेत्रों में मुख्य योगदान दिया हो, वह किसी दूसरे देश में जन्मा हो और उसने किसी दूसरे देश में काम किया हो अर्थात् एक से ज्यादा देशों में जीवन व्यतीत किया हो। ऐसे मामलों में श्रेणीकर्ता प्रयोगकर्ताओं की जरूरतों को ध्यान में रखकर निर्णय लेता है, किंतु निर्णय जो भी हो, यह निर्णय स्थिरता और एकरूपता के लिए हर बार अनुसरित किया जाएगा और यह श्रेणीबद्धता का एक महत्त्वपूर्ण लक्षण भी है।

प्रश्न 9. वर्गीकरण की सीमाओं को संक्षेप में प्रस्तुत कीजिए।

उत्तर– वर्गीकरण को पुस्तकालयाध्यक्षता की गणित के रूप में वर्णित किया जाता है, फिर भी x(pi) के मान की भाँति यह कभी भी पूरी तरह सही नहीं होता है। वर्गीकरण सामाजिक होते हैं, प्राकृतिक नहीं। ये पुस्तकालय के सभी उपयोगकर्त्ताओं की आवश्यकताएँ पूरी नहीं करते हैं। यहाँ केवल अधिसंख्य लोगों की आवश्यकताओं की पूर्ति होती है, जबकि विशिष्ट आवश्यकताओं वाले कुछ उपयोगकर्त्ताओं को भिन्न प्रकार की व्यवस्था की आवश्यकता होती है। वर्गीकरण, विशेष रूप से पुस्तकालय वर्गीकरण में कई बाधाएँ तथा समस्याएँ आती हैं। बड़ी संख्या में लाभों के साथ-साथ वर्गीकरण में कुछ बाधाएँ भी आती हैं। वर्गीकरण एक महँगी तथा व्यक्तिपरक प्रक्रिया है। किसी भी एक पुस्तक के ठीक-ठीक वर्गीकरण पर दो वर्गीकारकों के बीच व्यापक मतभेद हो सकते हैं। केवल यही नहीं, एक ही वर्गीकारक भिन्न-भिन्न अवसरों पर एक ही पुस्तक को भिन्न-भिन्न प्रकार से वर्गीकृत कर

सकता है। कोई भी वर्गीकरण एक पुस्तक में दिए गए सभी विषयों को विस्तृत रूप से नहीं दर्शा सकता है। यहाँ तक कि एक मोनोग्राफ एक बार में एक से अधिक विषयों का प्रतिनिधित्व कर सकता है। वर्गीकरण में केवल प्रमुख विषय को ही दर्शाया जाता है। बीजगणित तथा ज्यामिति की पाठ्य-पुस्तक को या तो बीजगणित में ही रखा जा सकता है या ज्यामिति में, उसे दोनों में नहीं रखा जा सकता। इसके अतिरिक्त, हम यह कह सकते हैं कि प्रसूचीकरण की पाठ्य-पुस्तक में एक अत्यधिक महत्त्वपूर्ण पाठ 'प्रसूचीकरण का इतिहास' या सी.ए. कटर की जीवनी हो सकती है। इन उप-विषयों को वर्ग-संख्या के द्वारा नहीं दर्शाया जाता है तथा ये जरूरतमंद उपयोगकर्त्ताओं की नजरों से छिपे रह सकते हैं। विषय के द्वारा किया गया वर्गीकरण भी विषयों में बिखराव उत्पन्न कर सकता है। उदाहरणार्थ, 'पारिवारिक जीवन' पर आधारित किसी पुस्तक को भिन्न-भिन्न प्रमुख वर्गों में, जैसे कि नीति-शास्त्र, समाजशास्त्र, मानव-शास्त्र, समाज-कल्याण तथा चिकित्सा में रखा जा सकता है। जिसके परिणामस्वरूप इसमें बिखराव उत्पन्न हो सकता है। यह कहना गलत नहीं होगा कि वर्गीकरण प्रकटन एवं विन्यास करने की अपेक्षा अवरोधन एवं बिखराव अधिक करता है। एक वर्गीकरण सभी उपयोगकर्त्ताओं को संतुष्ट नहीं कर सकता, क्योंकि उनकी आवश्यकताएँ पृथक्-पृथक् होती हैं। वर्गीकरण पुस्तकालय के उपयोगकर्त्ताओं की आवश्यकताओं के सर्वेक्षण पर आधारित नहीं होते हैं।

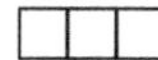

डीडीसी का उपयोग करके दस्तावेजों का वर्गीकरण करना
(Classifying Documents Using DDC)

सन् 1876 में मैल्विल ड्यूवी द्वारा रचित वर्गीकरण संहिता का उपयोग दुनियाभर के अधिकांश ग्रंथालयों में किया जाता है। यह एक परिगणनात्मक वर्गीकरण पद्धति है, जिसमें अधिकांश विषयों का वर्गांक सीधे तालिकाओं से प्राप्त किया जाता है। ड्यूवी ने समस्त ज्ञान-जगत को दस प्रमुख वर्ग में विभाजित किया, तत्पश्चात् प्रत्येक वर्ग को दाशमिक अंकन प्रणाली को आधार बनाकर दस-दस उपविभाग में विभाजित किया। अंकन की इस प्रणाली से बार-बार विषय-भेद के अनुसार वर्गांक के पैटर्न विषय-भेद के समानान्तर बनते जाते हैं। इनमें मानक उपविभाजन भी पुन:-पुन: बनते हैं, जिनसे शैल्फ पर विषयानुसार व्यवस्थित सामग्री का अवलोकन करने में तर्कसम्मत सुविधा रहती है।

प्रश्न 1. ड्यूई दशमलव वर्गीकरण के (DDC) के 19वीं संस्करण की संरचना प्रस्तुत कीजिए।

उत्तर– ड्यूई दशमलव वर्गीकरण का 19वाँ संस्करण निम्नलिखित तीन खंडों में है–

खंड 1 : प्रस्तावना एवं सारणियाँ (Introduction & Tables)

खंड 2 : अनुसूचियाँ (Schedules)

खंड 3 : सापेक्षिक अनुक्रमणिका (Relative Index)

खंड 1 : प्रस्तावना एवं सारणियाँ (Introduction & Tables)– इस खंड के प्रारंभ में संपादकीय प्रस्तावना पृष्ठ xxi-xxv पर दी गई है, जिसमें दशमलव वर्गीकरण का उपयोग करने की विधि समझाई गई है। इस खंड के पृष्ठ xxvii-xxxii पर पारिभाषिक शब्दावली (Glossary) दी गई है जिसमें संपादकीय प्रस्तावना में प्रयुक्त तकनीकी पदों की व्याख्या की गई है। इस खंड के द्वितीय भाग में निम्नलिखित सात सारणियाँ दी गई हैं–

सारणी–1	मानक उपविभाजन (Standard Sub-divisions)
सारणी–2	भौगोलिक सारणी (Areas)
सारणी–3	विशिष्ट साहित्यपरक उपविभाजन (Subdivisions of Individual Literatures)
सारणी–4	विशिष्ट भाषापरक उप विभाजन (Subdivisions of Individual Languages)
सारणी–5	प्रजातीय, मानव वंशीय, राष्ट्रीय समुदाय (Racial, Ethnic, National Groups)
सारणी–6	भाषाएँ (Languages)
सारणी–7	व्यक्ति (Person)

इस खंड के अंतिम भाग के रूप में 471-482 पर तीन संक्षेपक (Summaries) दिए गए हैं, जिनकी सहायता से दशमलव वर्गीकरण में ज्ञान जगत के विभाजन का सामान्य ज्ञान प्राप्त होता है।

खंड 2 : अनुसूचियाँ (Schedules)–इस खंड में ड्यूई ने ज्ञान जगत को पहले 9 भागों में विभाजित किया है और उन कृतियों को, जिन्हें किसी भी वर्ग में स्थान नहीं दिया जा सकता, स्थान देने के लिए एक वर्ग "सामान्य कृतियाँ" (Generalities) का निर्माण किया। इस प्रकार निम्नलिखित 10 मुख्य वर्गों का निर्माण किया–

000	सामान्य कृतियाँ	Generalities
100	दर्शनशास्त्र	Philosophy

200	धर्मशास्त्र	Religion
300	समाज विज्ञान	Social Sciences
400	भाषा	Languages
500	शुद्ध विज्ञान	Pure Sciences
600	व्यावहारिक विज्ञान	Technology (Applied Sciences)
700	कलाएँ	The Arts
800	साहित्य	Literature
900	सामान्य भूगोल एवं इतिहास	General Geography & History

यहाँ यह बात उल्लेखनीय है कि इन वर्ग संख्याओं के सभी अंक दशमलव भिन्न अंक हैं न कि पूर्णांका उपर्युक्त प्रत्येक मुख्य वर्ग को पुन: 9 भागों में बाँटा गया है, जिसे विभाग कहते हैं, उदाहरणार्थ 300 समाज विज्ञान को निम्नलिखित 9 विभागों में विभाजित किया गया है—

310	सांख्यिकी	Statistics
320	राजनीतिशास्त्र	Political Science
330	अर्थशास्त्र	Economics
340	कानून	Law
350	लोक प्रशासन	Public Administration
360	सामाजिक समस्याएँ व समाज सेवाएँ	Social Problems & Services
370	शिक्षा	Education
380	वाणिज्य (व्यापार)	Commerce (Trade)
390	रीति रिवाज, शिष्टाचार, लोकवार्ता	Customs, Etiquette, Folk lore

इसी प्रकार विभागों को अनुभागों, उपानुभागों, उप-उपानुभागों एवं और भी सूक्ष्म उपानुभागों में आवश्यकतानुसार विभाजित किया गया है।

खंड 3 : सापेक्षिक अनुक्रमणिका (Relative Index)—दशमलव वर्गीकरण की एक मुख्य विशेषता इसकी सापेक्षिक अनुक्रमणिका है।

सापेक्षता का अर्थ है कि अनुसूचियों में अनेक स्थानों में बिखरे एक ही विषय के विभिन्न पक्षों को अनुक्रमणिका में एक ही विषय शीर्षक के अंतर्गत समाविष्ट करना और उनके विभिन्न स्थानों को वर्गांकों द्वारा सूचित करना। यह अनुक्रमणिका तीसरे खंड के रूप में 1217 पृष्ठों में दी गई है।

प्रश्न 2. DDC की मूल योजना तथा संरचना को संक्षेप में बताइए।

उत्तर– सन् 1876 में मैल्विल ड्यूवी द्वारा रचित वर्गीकरण संहिता का उपयोग दुनियाभर के अधिकांश ग्रंथालयों में किया जाता है। यह एक परिगणनात्मक वर्गीकरण पद्धति है, जिसमें अधिकांश विषयों का वर्गांक सीधे तालिकाओं से प्राप्त किया जाता है। ड्यूवी ने समस्त ज्ञान-जगत को दस प्रमुख वर्ग में विभाजित किया, तत्पश्चात् प्रत्येक वर्ग को दाशमिक अंकन प्रणाली को आधार बनाकर दस-दस उपविभाग में विभाजित किया। अंकन की इस प्रणाली से बार-बार विषय-भेद के अनुसार वर्गांक के पैटर्न विषय-भेद के समानांतर बनते जाते हैं। इनमें मानक उपविभाजन भी पुन: बनते हैं, जिनसे शैल्फ पर विषयानुसार व्यवस्थित सामग्री का अवलोकन करने में तर्कसम्मत सुविधा रहती है।

सन् 1876 में मैल्विल ड्यूवी द्वारा रचित वर्गीकरण संहिता का उपयोग दुनियाभर के अधिकांश ग्रंथालयों में किया जाता है। यह एक परिगणनात्मक वर्गीकरण पद्धति है, जिसमें अधिकांश विषयों का वर्गांक सीधे तालिकाओं से प्राप्त किया जाता है। ड्यूवी ने समस्त ज्ञान-जगत को दस प्रमुख वर्ग में विभाजित किया, तत्पश्चात् प्रत्येक वर्ग को दाशमिक अंकन प्रणाली को आधार बनाकर दस-दस उपविभाग में विभाजित किया। अंकन की इस प्रणाली से बार-बार विषय-भेद के अनुसार वर्गांक के पैटर्न विषय-भेद के समानांतर बनते जाते हैं। इनमें मानक उपविभाजन भी पुन: बनते हैं, जिनसे शैल्फ पर विषयानुसार व्यवस्थित सामग्री का अवलोकन करने में तर्कसम्मत सुविधा रहती है।

000	विविध विषय	500	प्राकृतिक विज्ञान और गणितशास्त्र
100	दर्शनशास्त्र और मनोविज्ञान	600	तकनीकी शास्त्र
200	धर्मशास्त्र	700	कला
300	सामाजिक विज्ञान	800	साहित्य और काव्य शास्त्र
400	भाषा विज्ञान	900	भूगोल और इतिहास

इनमें से सभी दस मुख्य वर्ग को फिर से दस भागों में बाँटा गया है। इस प्रकार इसके 100 भाग बन जाते हैं। इसे DDC का दूसरा सारांश भी कहा जाता है। उदाहरण के लिए 500 विज्ञान के विविध प्रकार के ग्रंथों के लिए है, 510 गणितशास्त्र, 520 खगोलीय विज्ञान और 530 भौतिकी के वर्गांक हैं।

आगे DDC के इन 100 भागों को 10 भागों में विभक्त किया गया है। इस DDC का तीसरा सारांश भी कहा जाता है। उदाहरण के लिए, 530 में भौतिकी में विविध प्रकार के ग्रंथों के लिए; 531 में 'क्लासिकल मैकेनिक्स'; 532 में 'फ्लूड मैकेनिक्स'; और 533 में 'गैस मैकेनिक्स' के वर्गांक हैं।

वर्गांक में तीसरे अंक के पश्चात् दशमलव चिह्न आते हैं, इसके पश्चात् दस के उपविभाग विशिष्ट स्तर तक वर्गीकरण को दर्शाने के लिए होते हैं।

उदाहरणार्थ, 'बुद्ध सिलेक्शन इन पब्लिक लाइब्रेरीज' = 025.21
'टाइप्स ऑफ बुक बाइंडिंग' = 686.3

प्रश्न 3. DDC के संदर्भ में निम्न पर संक्षिप्त टिप्पणी लिखिए–
(क) दशमलव संख्याएँ

उत्तर– दशमलव वर्गीकरण में ज्ञान के उपविभाजन के लिए दशमलव भिन्न विधि (Decimal Fraction Device) का प्रयोग किया गया है। दशमलव भिन्न का अर्थ यह होता है कि प्रत्येक अंक दशमलव से विभाजित माना जाता है। किंतु यह वैचारिक स्तर (Idea Plane) तक ही सीमित है। केवल पढ़ते, सोचते एवं विचार करते समय ही यह परिकल्पना की जाती है कि वर्गांक का प्रत्येक अंक दशमलवों द्वारा विभाजित है, किंतु जब इसे वर्गांक के अंकन स्तर (Notational Plane)

पर व्यक्त किया जाता है, तब व्यवहार की सुविधा के लिए हर अंक के पूर्व दशमलव बिंदु नहीं लगाया जाता क्योंकि ऐसा करने पर अंकन व्यवस्था पर बहुत भार पड़ेगा तथा वर्गांक अनावश्यक रूप से लंबा हो जाएगा। दशमलव भिन्न के प्रयोग के कारण वर्गांक के प्रत्येक अंक का दशमलव अंकों की भाँति उच्चारण किया जाता है, जैसे–512 का उच्चारण पाँच एक दो है न कि पाँच सौ बारह। साधारण शब्दों में इनका उच्चारण टेलीफोन अंकों की भाँति किया जाता है। इसी प्रकार यदि वर्गांक छ: अंकों से बड़ा हो तो छठे एवं सातवें अंक के बीच एक अक्षर की जगह छोड़ी जाती है। इसी प्रकार नवें तथा दसवें अंक के मध्य जगह छोड़ी जाती है। इसी प्रकार तीन-तीन अंकों के बाद जगह छोड़ने का प्रावधान है।

उदाहरणार्थ – 328.306 01

345.411 016 3

दशमलव बिंदु व कुछ जगह छोड़ना दोनों ही दृष्टि को आराम देने के लिए होते हैं। इनका अन्यथा कोई लाभ नहीं होता। उपर्युक्त सभी निर्देशों का प्रयोग सावधानीपूर्वक करने से सही वर्गांक बनाने में सुविधा होती है।

(ख) विषय विश्लेषण

उत्तर– किसी दस्तावेज का वर्गांक निर्माण से पूर्व विषय विश्लेषण किया जाता है। यह सटीक विषय को निर्धारित करता है। इसके लिए दस्तावेज का शीर्षक, उपशीर्षक, विषय-सूची, प्रस्तावना तथा 'पुस्तक के बारे में' को पढ़ा जाता है। प्राय: पुस्तक के शीर्षक से ही विषय का ज्ञान हो जाता है। किंतु शास्त्रीय ज्ञान (classical wisdom) के अनुसार, "केवल पुस्तक के शीर्षक के द्वारा वर्गांक कभी नहीं करना चाहिए", वर्गांक के लिए हमें और निरिक्षण करना चाहिए। कभी-कभी वर्गीकर्ता को सटीक विषय जानने के लिए किसी विशेषज्ञ से सहायता लेनी पड़ती है।

(ग) उपयुक्त संख्या का पता लगाना

उत्तर– एक बार जब दस्तावेज के सही विषय का निर्धारण हो जाए तब हमारा अगला कदम अनुसूची की पुस्तक की वर्ग संख्या की तलाश

करना होगा। अनुसूची का शब्दिक अर्थ है, सूची। अनुसूची लंबी एवं जटिल होती है तथा उसमें विषय एवं उनकी दशमलव संख्याएँ ठूँस-ठूँस कर भरी होती हैं। फिर भी चाही गई संख्या को ढूँढना कठिन नहीं होता। हमें तीन सारांशों में से रास्ता बनाते हुए व्यवस्थित रूप से आगे बढ़ना होता है। उदाहरण के लिए, माल लें कि हमें 'भारत में मुगलों का इतिहास' पुस्तक को वर्ग संख्या प्रदान करनी है। तब हम उस प्रकार आगे बढ़ सकते हैं–

यह मुख्य वर्ग इतिहास (पहला सारांश) से संबंधित है–900

उसके पश्चात् यह एशिया के इतिहास से संबंधित है (दूसरा सारांश)–950

उसके पश्चात् यह भारत के इतिहास से संबंधित है (तीसरा सारांश)–954

अब हम अपनी खोज को अनुसूची खंड-2 की ओर मोड़ते हैं। अनुभाग संख्या हमेशा अनुसूची के पृष्ठ के दाईं ओर ऊपरी कोने पर लिखी जाती है। अनुभाग की स्कैनिंग करके हम अनुभाग 954 पर पहुँच जाएँगे। वहाँ हमें 'मुस्लिम काल' दिखाई पड़ेगा। भारत के इतिहास की संख्या है 954.02, इसी में आगे 'मुगल काल' की संख्या है 954.025। यही हमारे द्वारा चाही गई संख्या है।

प्रश्न 4. DDC के संदर्भ में संख्या निर्माण (number building) की चर्चा कीजिए।

उत्तर– DDC (ड्यूई दशमलव वर्गीकरण) वर्ग संख्याओं की सूची है। साथ ही वह संख्या बनाने का तरीका भी है। अगर वह पूरी तरह से अनुसूची में नहीं दिया गया हो। इस दूसरी बात को ही संख्या निर्माण कहा जाता है। अगर किसी दस्तावेज के लिए बनी बनाई संख्या उपलब्ध नहीं है तो उसका निर्माण किया जा सकता है। किसी संख्या को आगे भी निम्नांकित में से किसी एक तरीके से बनाया जा सकता है–

(1) अनुसूची में से किसी दूसरी पूरी संख्या अथवा उसके भाग के साथ

(2) सात सहायक तालिकाओं में से किसी एक के साथ

"..... के साथ जोड़ें (एड टू.....)" निर्देश के साथ संख्या का निर्माण–कुछ वर्ग संख्याओं के अंतर्गत निर्देश दिया गया होता है "संख्या 001-999 में से मनोनीत आधार संख्या के साथ जोड़ें"। इसका

अर्थ यह होता है कि हमें दी गई संख्या के साथ कोई संख्या जोड़नी होती है। उदाहरण के लिए, हम "चिकित्सा पुस्तकालय" विषय को लेते हैं। इस विषय पर कोई दूसरी पूरी संख्या अनुसूचित नहीं की गई है। संख्या 020 के अंतर्गत हमारे पास "026 विविध विषयों से संबंधित पुस्तकालय" उपलब्ध है। यहाँ निर्देश दिया गया है कि "आधार के साथ 001-009 में से संख्या 026 जोड़ें। इसका अर्थ यह हुआ कि चिकित्सा विज्ञान की जो संख्या 610 है उसे 026 के साथ जोड़ना होगा। इस प्रकार, 026 + 610 = 026.610 = 026.61

दशमलव संख्या में अंतिम मूल्य का कोई अर्थ नहीं होता। इसी प्रकार एक और पुस्तक "भारतीय दर्शन शास्त्र पर पुस्तकालय" की संख्या इस प्रकार होगी–

$$026 + 181.4 = 026.181\ 4$$

यहाँ 181.4 भारतीय दर्शन की वर्ग संख्या है। यह भी नोट किया जाना चाहिए कि वर्ग संख्या में केवल एक बिंदु (डॉट) होता है और वह हमेशा प्रथम तीन अंकों के बाद होता है।

संख्या के किसी भाग को जोड़ना–कभी-कभी हमें आदेश दिया जा सकता है कि पूरी संख्या जोड़ने की अपेक्षा कहीं और से लिए गए भाग को जोड़ा जाए। एक उदाहरण लेते हैं–

बुद्धवादी दर्शन–इसके लिए कोई बनी बनाई संख्या नहीं है। हमारे पास उपलब्ध संख्या है–

181.04–.09 धर्म पर आधारित प्राच्य दर्शन

यहाँ हमें निर्देश दिया गया है कि आधार संख्या 181.04 के साथ 294-299 में से 29 के बाद वाली संख्या जोड़ें। इस अवधि में बुद्धवार की संख्या 294.3 है। 29 के बाद वाली संख्या है "4.3"। इसलिए हमें इसे 181.0 में जोड़ना होगा जिससे हमें निम्न संख्या प्राप्त हो सके–

$$181.0 + 4.3 = 181.043$$

यह ध्यान रहे कि शून्य हमेशा अंतिम संख्या के तीन अंकों के बाद लगाया जाता है तथा एक वर्ग संख्या में केवल एक ही शून्य होना चाहिए।

कई स्थान ऐसे हैं जहाँ आपको यह निर्देश दिया गया हो कि दिए गए आधार के साथ किसी संख्या के किसी विशिष्ट भाग को जोड़ें जो पास से या दूर से लिया गया हो।

प्रश्न 5. DDC में सारणियों का प्रयोग किस प्रकार किया गया है? संक्षेप में वर्णन कीजिए।

अथवा

डी.डी.सी. में विभिन्न तालिकाओं की परिगणना कीजिए। तालिका 1 और 2 के उपयोग की सोदाहरण व्याख्या कीजिए।

[दिसम्बर-2017, प्र.सं.-2.1]

उत्तर– उन्नीसवें संस्करण में **सात सारणियाँ** प्रदान की गई हैं जो अठारहवें संस्करण में भी उपलब्ध थीं लेकिन स्थान-स्थान पर कुछ आवश्यक परिवर्तन एवं विस्तार भी किया गया है। सत्रहवें संस्करण में केवल दो सारणियाँ थीं–(क) भौगोलिक क्षेत्र सारणी (Areas Table); एवं (ख) मानक उपविभाजन (Standard Sub-Divisions)। अठारहवें संस्करण में सारणियों की संख्या को बढ़ाकर दो से सात कर दिया गया। इस प्रकार पाँच और सारणियों का विकास हुआ। ये सात सारणियाँ निम्नलिखित हैं–

Table 1–मानक उपविभाजन (Standard Subdivisions)

Table 2–भौगोलिक क्षेत्र (Areas)

Table 3–साहित्य-विशेष के उपविभाजन (Subdivisions of Individual Literatures)

Table 4–भाषा-विशेष के उपविभाजन (Subdivisions of Individual Languages)

Table 5–जाति, प्रजाति एवं राष्ट्रजन समूह (Racial, Ethnic, National Groups)

Table 6 –भाषाएँ (Languages)

Table 7–जन (Persons)

इन सात सारणियों को दो भागों में बाँट सकते हैं–

(1) ऐसी सारणियाँ जिसके एकलों का प्रयोग किसी भी वर्गांक के साथ आवश्यकतानुसार किया जा सकता है।

(2) ऐसी सारणियाँ जिनका प्रयोग केवल उन्हीं वर्गों के साथ किया जा सकता है, जिनके लिए ये निर्मित की गई हैं।

मानक उपविभाजन सारणी-1 में 09 Dictionary, 05 Serial Publications इत्यादि एकलों का उल्लेख है जिन्हें अनुसूची की किसी भी वर्ग संख्या के साथ जोड़ा जा सकता है।

उदाहरणार्थ–

Serial Publication of rail road transport = 385.05
Study and teaching of library science   = 020.7

सारणी-2 में भौगोलिक उपविभाजन दिए गए हैं। इसका प्रयोग दो प्रकार से हो सकता है। अनुसूची में जहाँ निर्देश दिए गए हैं वहाँ निर्देशों के अनुसार तथा जहाँ निर्देश नहीं दिए गए हैं वहाँ मानक उपविभाजन 09 के साथ प्रयोग किया जा सकता है।

सारणी-3 का प्रयोग केवल विशिष्ट भाषाओं के साहित्य के लिए ही किया जा सकता है, इन भाषाओं का उल्लेख वर्ग संख्या 810-890 के अंतर्गत किया गया है।

19वें संस्करण में सारणी 3 जो साहित्य-विशेषों के लिए प्रयुक्त होती है, में पूर्णरूपेण परिवर्तन किया गया तथा इसको दो उपसारणियों अर्थात् सारणी 3 एवं 3A में विभाजित किया गया। सारणी 3A के उपयोग के बारे में सारणी 3 में निर्देश दिए गए हैं। सारणी-3 में प्रस्तुत-08/अथवा -09 को सारणी 3A में स्थानांतरित कर दिया गया है। इससे वर्ग 800 में संख्या जोड़ना एवं वर्ग संख्या बनाना सरल हो गया है।

20वें संस्करण में सारणी-3 में परिष्कार के साथ परिवर्तन भी किए गए हैं तथा इसे तीन उप-सारणियों में विभाजित किया गया है–3A, 3B तथा 3C। इसकी तीन उप-सारणियाँ हैं। सारणी 3C का उपयोग सारणी 3B में दिए गए निर्देश अथवा 808-809 की अनुसूचियों में दिए गए निर्देशों पर आधारित है। इसमें किए गए परिवर्तन प्रत्यक्ष एवं सरल हैं।

सारणी-4 का प्रयोग भी वर्ग संख्या 420-490 के साथ ही किया जा सकता है। ये वर्ग संख्याएँ विशिष्ट भाषाओं से संबंधित हैं।

अनुसूची में वर्णित किसी भी अंकन के साथ आवश्यकतानुसार सारणी-5 के अंकनों का प्रयोग मानक उपविभाजन 089 की सहायता से किए जाने का विशेष प्रावधान किया गया है। अर्थात् सारणी-5 के अंकनों का प्रयोग अनुसूची के किसी भी अंकन के साथ 089 जोड़ कर किया जा सकता है एवं सह-विस्तृत वर्गक बनाए जा सकते हैं।

सारणी-6 के अंकनों का प्रयोग आवश्यकतानुसार अनुसूची में दिए गए निर्देशों के अनुसार ही किया जा सकता है, स्वतंत्र रूप से नहीं। इस सारणी के अंकों के प्रयोग का प्रावधान भौगोलिक उपविभाजन सारणी-2

के अंकन 175 के अंतर्गत करने के निर्देश हैं। इसी प्रकार भाषा विषयक उपविभाजन सारणी में अंकन 32-39, 824-864 के अंतर्गत भी इसी सारणी के प्रयोग का प्रावधान किया गया है।

सारणी-7 के किसी भी अंकन का प्रयोग अनुसूची के किसी भी अंकन के साथ आवश्यकतानुसार मानक उपविभाजन 088 को जोड़ कर किया जा सकता है। इस प्रावधान ने सारणी 7 के अंकनों को और अधिक व्यापकता प्रदान कर दी है। 19वें संस्करण से पूर्व इनका उपयोग केवल निर्देशित अवस्था में ही किया जाता था।

प्रश्न 6. सापेक्ष अनुक्रमणिका क्या है? इसकी संरचना को समझाइए।

अथवा

डी.डी.सी. (DDC) में सापेक्ष अनुक्रमणिका पर टिप्पणी कीजिए।
[जून-2018, प्र.सं.-5.0 (a)], [दिसम्बर-2018, प्र.सं.-5.0 (b)]

उत्तर– सापेक्षिक अनुक्रमणिका से तात्पर्य ऐसी अकारादिक्रमिक अनुक्रमणिका से है, जिसमें प्रत्येक अनुक्रमणी प्रविष्टि के अंतर्गत उससे संबंधित अन्य समस्त विषय प्रविष्टियों और उनके सभी पक्षों का प्रविष्टियों के साथ-साथ उल्लेख कर दिया जाता है।

एक सापेक्षिक अनुक्रमणिका में अनुक्रमणिका तथा वर्गीकरण अनुसूची के अंतर्गत उल्लिखित समय विषयों को प्रस्तुत किया जाता है। साथ ही विषयों के विभिन्न पर्यायवाची पदों एवं वर्गांकों का भी उल्लेख किया जाता है और प्रत्येक विषय के परस्पर संबंध को भी प्रस्तुत किया जाता है।

सापेक्षिक अनुक्रमणिका का सर्वोत्तम एवं अनूठा उदाहरण मेलविल ड्यूई महोदय की दशमलव वर्गीकरण पद्धति की सापेक्षिक अनुक्रमणिका है, जो किसी ग्रंथालय वर्गीकरण की अनुसूचियों के साथ संलग्न प्रथम अनुक्रमणिका है। यह बहुत विस्तृत एवं सापेक्षिक है। ड्यूई महोदय ने 1885 में पद्धति के द्वितीय संस्करण में स्वयं इसे अपनी पद्धति की सबसे महत्त्वपूर्ण विशेषता बताया है। उनका कथन है कि "मेरी अमहर्स्ट योजना उसको पूर्ण करने की विधि पर आधारित नहीं थी, किंतु वर्गीकरण पद्धति को अत्यंत सरलतम रीति से संपूर्ण अनुक्रमणिका में प्रस्तुत करने की कल्पना पर आधारित थी और अनुक्रमणिका एक अत्यंत आवश्यक परिपूरक के रूप में वर्गीकरण की सारणी है।"

आनुवर्णिक क्रम में व्यवस्थित अनुक्रमणी का प्रमुख उद्देश्य मुख्य अनुसूचियों में प्रयुक्त समस्त विषयों एवं प्रकरणों सहित संपूर्ण संभावित पर्यायवाची शब्दों को सम्मिलित करना है। इसमें अनुसूची के अंतर्गत उल्लिखित समस्त पदों के पर्यायवाची तथा अन्य बहुत से संलेख दिए गए हैं, जिससे वर्गकार को किसी विषय के संभाव्य वर्गांक को अनुसूची में खोज निकालने की सुविधा मिलती है और साथ ही किसी अमुक विषय को किस प्रमुख वर्ग में व्यवस्थित किया गया है, इनका भी ज्ञान अनुक्रमणिका द्वारा हो जाता है।

बनावट—इस पद्धति में दशमलव भिन्न का प्रयोग किया गया है तथा ज्ञान जगत् को 10 मुख्य विभागों में विभाजित किया गया है। इस पद्धति में 000-900 में विषय को बाँटा गया है। इस वर्गीकरण पद्धति में विषयों के प्रथम स्तर का विभाजन निम्न प्रकार है—

000	=	Generalia
100	=	Philosophy
200	=	Religion
300	=	Social Science
400	=	Language
500	=	Pure Science
600	=	Applied Science
700	=	The Arts
800	=	Literature
900	=	History and Geography

इन मुख्य विषयों को फिर 10 भागों में तथा फिर इन 100 भागों को वापिस 10 भागों में विभाजित किया जाता है। इस प्रकार इस पद्धति में 10000 मुख्य विषय हो जाते हैं।

इस पद्धति में 20वें संस्करण को चार खंडों में प्रकाशित किया गया है जो इस प्रकार हैं—

खंड प्रथम　=　परिचय सारणियाँ

खंड द्वितीय　=　000–599 ⎫
　　　　　　　　　　　⎬　अनुसूचियाँ
खंड तृतीय　=　600–999 ⎭

खंड चतुर्थ　=　सापेक्ष अनुक्रमणिका।

प्रसूचीकरण के मूलतत्त्व
(Basics of Cataloguing)

ग्रंथालय सामग्री तक अभिगम बनाने के लिए ग्रंथालय सामग्री की एक प्रसूची अथवा अनुक्रमणिका तैयार की जाती है। इस प्रमुख अनुक्रमणिका अथवा उपलब्ध सामग्री की सूची को ग्रंथालय प्रसूची कहते हैं। ग्रंथालय प्रसूची में ग्रंथालय का समस्त संग्रह अथवा संग्रह के किसी एक भाग को सूचीबद्ध किया जाता है। ग्रंथालय प्रसूची की गुणवत्ता का सीधा प्रभाव संसाधनों के उपयोग पर पड़ता है। तात्पर्य यह है कि ग्रंथालय प्रसूची की सावधानीपूर्वक बनाना चाहिए, और इससे अद्यतन बनाए रखना चाहिए। यह उपयोक्ता कुशलतापूर्वक और प्रभावी रूप में ग्रंथालय का उपयोग करने में सहायता देता है।

प्रश्न 1. पुस्तकालय प्रसूची की परिभाषा दीजिए तथा इसके प्रयोजनों, उद्देश्यों व कार्यों का उल्लेख कीजिए।

अथवा

पुस्तकालय प्रसूची के उद्देश्यों पर संक्षिप्त टिप्पणी लिखिए।

अथवा

पुस्तकालय प्रसूची के उद्देश्य और कार्यों की चर्चा कीजिए।
[जून-2018, प्र.सं.-2.1]

अथवा

पुस्तकालय प्रसूची के प्रयोजन, उद्देश्य और कार्यों की चर्चा कीजिए।   [दिसम्बर-2018, प्र.सं.-1.2]

उत्तर– अपने संग्रह को सुचारू रूप से चलाने के लिए आधुनिक पुस्तकालय अनेक सुविधाएँ प्रदान करते हैं। उनमें से एक पुस्तकालय प्रसूची है जिसके द्वारा पाठक को यह ज्ञात होता है कि पुस्तकालय में कौन-सा प्रलेख उपलब्ध है, वे शेल्फ में कहाँ रखे हैं और उन तक कैसे पहुँचा जाए। डॉ. रंगनाथन द्वारा सूचीकरण के लिए किए गए कार्यों की आधुनिकतम सूचीकरण प्रवृत्तियों की समानताओं को निम्नलिखित रूप से समझा जा सकता है–

अंग्रेजी भाषा का शब्द Catalogue ग्रीक भाषा के शब्द Katalogos से बना है जिसका अर्थ निम्नलिखित होता है–

Kata – According to (के अनुसार)

Logos – Order or reason (क्रम या तर्क)

इस प्रकार कैटलॉग वह कार्य है जिसमें विषय सामग्री को उचित तरीके से एक योजना के अंतर्गत व्यवस्थित किया जाता है। पुस्तकालय सूची की विभिन्न विद्वानों द्वारा निम्न परिभाषाएँ दी गई हैं–

जे.डी. ब्राउन के अनुसार "पुस्तकालय सूची किसी पुस्तकालय की पुस्तकों और उनकी विषय सामग्री को खोजने की क्रमबद्ध कुंजी है।"

सी. एमनी कटर के अनुसार "पुस्तकालय सूची पुस्तकों की एक तालिका है, जो किसी सुनिश्चित योजना के अनुसार व्यवस्थित होती है।"

डॉ. एस.आर. रंगनाथन के अनुसार "सूची एक उपकरण है जो पाठकों को पुस्तकालय में संग्रहित पाठ्य सामग्री के संबंध में सूचना

प्रदान करती है।" अत: संक्षेप में कहा जा सकता है कि पुस्तकालय सूची पुस्तकालय में उपस्थित समस्त पाठ्य सामग्री की एक क्रमबद्ध सूची है, जो किसी नियमानुसार व्यवस्थित होती है। यह सूची पुस्तकालय का एक महत्त्वपूर्ण अभिलेख होती है जो पुस्तकालय में उपलब्ध पुस्तकों एवं अन्य पाठ्य सामग्री के बारे में सूचना प्रदान करता है।

Harrod's Librarians' Glossary and Reference Book के छठे संस्करण में प्रसूची को परिभाषित करते हुए कहा गया है, पुस्तकालय प्रसूची "पुस्तकों, मानचित्रों अथवा अन्य मदों के सुनिश्चित क्रम में क्रमबद्ध प्रसूची है। यह एक पुस्तकालय अथवा पुस्तकालय समूहों के संग्रह स्रोतों को अभिलेखित, व्याख्यायित और अनुक्रमणित (प्राय: संपूर्ण) करती है। प्रत्येक संलेख में मदों को खोजने (पुस्तकालय के फलकों पर) के लिए वर्ग संख्या या "आह्वान संख्या अंकित की जाती है, इसके अतिरिक्त पुस्तक की पहचान और व्याख्या के लिए यथेष्ठ विवरण (यथा–लेखक, आख्या, संपादक, प्रकाशन स्थल, प्रकाशन, प्रकाशन तिथि, संस्करण, पृष्ठ, चित्रादि) प्रदान किया जाता है। प्रसूची को– (1) एक सूची जो किसी क्रम विशेष में व्यवस्थित हो अथवा न भी हो तथा अपूर्ण हो, और (2) एक ग्रंथसूची जो किसी एक पुस्तकों के संग्रह अथवा पुस्तकालय समूह विशेष से संबंधित नहीं है, से पृथक् माना जाता है।"

डॉ. एस.आर. रंगनाथन के अनुसार "प्रसूची मुद्रित या हस्तलिखित हो सकती है। यह पत्रकों अथवा निर्बद्ध पत्रों के रूप में हो सकती है। सतत् ग्रंथ रूप में अथवा विद्यमान संलेखों के बीच नवीन संलेखों के अंतर्वेशन को संभव बनाने के उद्देश्य से लेपित कागज स्वरूप में हो सकती है।"

संक्षेप में हम कह सकते हैं कि पुस्तकालय प्रसूची–(1) पुस्तकालय फलकों पर प्रलेख को खोजने के लिए प्रलेख को एक अवस्थिति संख्या प्रदान की जाती है, उदाहरणार्थ प्रलेख की आह्वान संख्या; (2) प्रलेख की व्याख्या और पहचान के लिए प्रत्येक संलेख में ग्रंथपरक सूचना यथा लेखक, आख्या, संस्करण, प्रकाशन स्थल, प्रकाशन, प्रकाशन तिथि प्रदान की जाती है; (3) प्रसूची संहिता में निर्धारित नियमों के अनुसार

समस्त प्रलेखों के लिए निर्मित और सुनिश्चित क्रम में व्यवस्थित संलेख होते हैं; तथा (4) एक पुस्तकालय विशेष में उपलब्ध पुस्तकों और पाठ्य सामग्री की सूची है।

पुस्तकालय सूची के प्रयोजन (Purpose of Library Catalogue)–पुस्तकालय सूची का प्रमुख प्रयोजन पाठकों को पुस्तकालय में संगृहीत पाठ्य-सामग्री से परिचित कराना है। वह पाठकों को पुस्तकालय में से अपना अभीष्ट ग्रंथ तत्काल खोज निकालने में सामर्थ्यवान बनाती है। सूची ग्रंथ अथवा उनमें वर्णित सामग्री को खोजने का एक साधन है। इस दृष्टि से कुछ खोज नाम (search names) होते हैं जो निम्नानुसार हैं–

(1) लेखक (Author) का नाम;

(2) ग्रंथ की आख्या (Title);

(3) ग्रंथ का विषय – नाम (Subject);

(4) सहकारक (collaborator) का नाम; और

(5) ग्रंथमाला (series) का नाम।

प्रयोगकर्ताओं को पुस्तकालयों में उपलब्ध संसाधनों की जानकारी उपलब्ध कराना पुस्तकालय कर्मचारियों का कर्तव्य है। इन संसाधनों तक पहुँच के लिए पुस्तकालय सूची तैयार करता है, अर्थात् पुस्तकालय सूची का मुख्य प्रयोजन सेवा करना है।

पुस्तकालय सूची के उद्देश्य (Objectives of Library Catalogue)–पुस्तकालय में पुस्तकें पाठकों की सेवा हेतु एकत्र की जाती हैं। यह पुस्तकालय में पुस्तकों को शीघ्रता से प्राप्त करने की कुंजी है। चार्ल्स एमनी कटर ने 1876 में पुस्तकालय प्रसूची के उद्देश्यों का वर्णन अपनी पुस्तक Rules for a Dictionary Catalogue के प्रथम संस्करण में किया था। इन सभी उद्देश्यों को समस्त विश्व ने मान्यता प्रदान की है। ये उद्देश्य निम्न प्रकार हैं–

(1) किसी व्यक्ति को अभीष्ट पुस्तक प्राप्त करने में सामर्थ्यवान बनाना जिसका–

(क) लेखक, अथवा

(ख) शीर्षक, अथवा

(ग) विषय ज्ञात है।

(2) यह प्रदर्शित करना कि पुस्तकालय में उपलब्ध है—

(क) एक विशिष्ट लेखक द्वारा रचित,

(ख) एक विशिष्ट विषय पर,

(ग) एक विशिष्ट प्रकार के साहित्य पर।

(3) पुस्तक चयन में सहायता प्रदान करना—

(क) इसके संस्करण के बारे में,

(ख) इसके लक्षण के बारे में।

उद्देश्य 1—इस उद्देश्य के अनुसार पुस्तकालय सूची का सर्वप्रथम उद्देश्य पाठकों को उनकी वांछित पुस्तक विभिन्न दृष्टिकोणों से प्राप्त करने में सहायता करना है, जिसका लेखक, शीर्षक एवं विषय पाठक को ज्ञात हो।

उद्देश्य 2—पुस्तकालय सूची का द्वितीय उद्देश्य पुस्तकों के समूह को सूची द्वारा प्राप्त करने पर बल देना है। इसकी सहायता से एक विशिष्ट लेखक द्वारा लिखी गई समस्त पुस्तकें, एक संबंधित विषय पर लिखित पुस्तकें, एक विशेष प्रकार के साहित्य की पुस्तकों का एवं पुस्तकालय में उपलब्धता के ज्ञान को दर्शाया जाता है।

उद्देश्य 3—पुस्तकालय सूची का तीसरा महत्त्वपूर्ण उद्देश्य पाठकों की पुस्तक चयन में सहायता प्रदान करना है जो पुस्तक की विशेषताओं एवं संस्करण के संबंध में सूचना प्रदान करता है।

डॉ. एस.आर. रंगनाथन द्वारा सूची का निर्माण निम्नलिखित उद्देश्यों को ध्यान में रखकर किया जाना चाहिए—

(1) प्रत्येक पाठक को उसकी अभीष्ट पुस्तक प्राप्त हो सके।

(2) प्रत्येक पुस्तक को उसका पाठक प्राप्त हो सके।

(3) पाठक के समय को बचाया सके।

(4) पुस्तकालय कर्मचारियों का समय नष्ट होने से बच सके।

पुस्तकालय सूची के कार्य—पुस्तकालय सूची का अत्यंत महत्त्वपूर्ण कार्य पाठकों को उनकी अभीष्ट पुस्तक के संबंध में जानकारी प्रदान करना है। पुस्तकालय प्रसूची के माध्यम से ही पुस्तकालय में उपलब्ध पाठ्य सामग्री का अधिकाधिक उपयोग संभव है।

लुबेट्जकी ने पुस्तकालय प्रसूची के निम्नलिखित कार्य निश्चित किए हैं—

(1) विषय सूचियों को भी इस प्रकार व्यवस्थित किया जाना चाहिए कि एक प्रकार के विषय एक ही स्थान पर आ सकें एवं इनसे संबंधित विषय इन्हीं के साथ समन्वित हो सकें।

(2) इसके माध्यम से किसी विशेष प्रकाशन एवं पुस्तक विशेष के संस्करण जो कि पुस्तकालय में उपलब्ध हैं उनको पाठकों को प्राप्त करने में सुविधा होती है।

(3) पुस्तकालय प्रसूची में पुस्तकों से संबंधित सभी विवरण जैसे–शीर्षक, ग्रंथमाला, पृष्ठ, वर्ष आदि प्रदान करना महत्त्वपूर्ण कार्य है।

(4) पुस्तकों के स्थान को ज्ञात करने के लिए बोधांक प्रदान करना आवश्यक है।

(5) पुस्तकालय में पाठक पुस्तक के लेखक, आख्या, अनुवादक, संपादक, चित्रकार, ग्रंथमाला आदि किसी भी अभिगम से पुस्तक प्राप्त करने की माँग कर सकता है।

(6) लेखक प्रसूचियों का व्यवस्थापन इस तरीके से किया जाना चाहिए कि एक लेखक द्वारा लिखी गई समस्त पुस्तकें एक स्थान से प्राप्त की जा सकें।

डॉ. रंगनाथन के अनुसार पुस्तकालय सूची का कार्य पुस्तकालय विज्ञान के नियमों के अनुसार पाठ्य सामग्री का उपयोग करने में सहायता प्रदान करना है।

अत: कहा जा सकता है कि पुस्तकालय सूची पुस्तकालय का एक महत्त्वपूर्ण अंग है जिसकी सहायता से पाठक विभिन्न अभिगमों से अपनी अभीष्ट पुस्तक प्राप्त करने में सफल होता है। इस प्रसूची के माध्यम से न केवल पाठ्य सामग्री का अधिकतम उपयोग किया जा सकता है, बल्कि पाठकों एवं कर्मचारियों के महत्त्वपूर्ण समय को नष्ट होने से बचाया जा सकता है।

प्रश्न 2. प्रसूची के लिए संलेख तैयार करने में निहित प्रक्रिया की चर्चा कीजिए। इस संबंध में जिन मार्गदर्शक तत्त्वों का अनुसरण करना प्रसूचीकर्त्ता के लिए अपेक्षित है उनका वर्णन कीजिए।

उत्तर– **प्रसूचीकरण प्रक्रिया**–पुस्तकालय सूची पुस्तकालय में उपलब्ध सामग्री का अभिलेख है। इसका निर्माण पाठकों की आवश्यकता

की पूर्ति के लिए किया जाता है जिसमें अनेक एकांश अभिलेख सम्मिलित होते हैं। ये एकांश अभिलेख प्रविष्टियाँ कहलाती हैं। इस प्रकार, पुस्तकालय प्रसूची में पुस्तकालय द्वारा अधिगृहीत प्रलेखों के लिए विविध संलेखों का निर्माण किया जाता है। पुस्तकालय प्रसूची में दो प्रकार के संलेख होते हैं–मुख्य संलेख और इतर संलेख। मुख्य संलेख में प्रलेखों से संबंधित विस्तृत सूचना विविध अनुच्छेदों या क्षेत्रों में प्रदान की जाती है। इतर संलेखों का निर्माण विभिन्न अभिगम बिंदुओं जैसे लेखक, आख्या, विषय के अंतर्गत किया जाता है और सामान्यतया प्रलेखों से संबंधित संक्षिप्त सूचना इनमें दी जाती है। इस प्रकार प्रसूचीकरण का संबंध संलेखों के निर्माण की प्रक्रिया से है।

संलेखों के निर्माण के लिए निम्नलिखित संक्रियाओं को अपनाया जाता है–

(1) मुख्य संलेखों, इतर संलेखों और मुख्य संलेखों के अनुच्छेदों के लिए शीर्षक का चयन और उपकल्पन।

(2) संलेखों के विभिन्न अनुच्छेदों में सूचना का अभिलेखन।

(3) लेखन शैली, विराम चिह्नों, बड़े अक्षरों के प्रयोग इत्यादि का निर्धारण।

(4) संलेखों का निर्माण।

(5) सभी संलेखों पर आह्वान संख्या लिखना।

(6) प्रसूची पत्रकों को फाइल करना।

(7) संदर्शक पत्रों का निर्माण करना।

(8) प्रसूची में संलेखों का रख-रखाव और उनको अद्यतन बनाए रखना।

प्रसूचीकरण में ये सारी प्रक्रियाएँ और विधियाँ शामिल हैं।

सरल शब्दों में, प्रसूचीकरण अभिलेखों के निर्माण की वह कला है जिससे पाठकों द्वारा प्रलेख को शीघ्रता से पहचाना और खोजा जाता है। प्रलेख को पहचानने और खोजने के बाद पाठक इस स्थिति में होता है कि वह अपने उपयोग की दृष्टि से उसकी उपयुक्तता का परीक्षण कर सकता है। नि:संदेह प्रसूची, प्रलेख की आख्या, उप-आख्या, विषय और ग्रंथमाला के संबंध में सूचना प्रदान करती है।

1908 का एंग्लो-अमेरिकन कोड, 1941 का अमेरिकन लाइब्रेरी एसोसिएशन (ए.एल.ए.) कोड, एस.आर. रंगनाथन का क्लैसिफाइड कैटलॉग कोड (सी.सी.सी.) और एंग्लो-अमेरिकन कैटलॉगिंग रूल्स (ए.ए.सी.आर.) प्रथम एवं द्वितीय संस्करण कुछ प्रसिद्ध एवं प्रचलित प्रसूची संहिताएँ हैं। संहिताओं में पुस्तकालय प्रसूची के निर्माण हेतु आवश्यक संलेखों की संरचना के लिए मार्गदर्शक सिद्धांत दिए जाते हैं। इन संहिताओं में प्रदत्त नियमों के अनुपालन द्वारा पुस्तकालय प्रसूची के उत्पादन और रख-रखाव में सुसंगतता और परिशुद्धता आती है। प्रसूची संहिता के अनुसरण द्वारा मानकीकरण किया जा सकता है। **रंगनाथन** के **क्लैसिफाइड कैटलॉग कोड** के अतिरिक्त अन्य सभी प्रसूची संहिताओं में लेखक और आख्या प्रसूची के लिए नियमों के साथ विवरणात्मक प्रसूचीकरण के लिए अतिरिक्त नियमों का प्रावधान किया गया है। सी.सी.सी. ही एक ऐसी प्रसूचीकरण संहिता है जिसमें विषय संलेखों के नियमों के प्रावधान के साथ विवरणात्मक प्रसूचीकरण के लिए ग्रंथपरक मदों के चयन और उपकल्पन से संबंधित अतिरिक्त नियम प्रदान किए गए हैं। जो पुस्तकालय प्रसूचीकरण के लिए सी.सी.सी. का उपयोग नहीं करते हैं, वे सामान्यतया विषय अभिगमों की पूर्ति के लिए लाइब्रेरी ऑफ कांग्रेस सब्जेक्ट हेडिंग्स या सियर्स लिस्ट ऑफ सब्जेक्ट हेडिंग्स जैसी मानक विषय शीर्षक सूचियों का उपयोग करते हैं।

प्रसूचीकारों के लिए दिशा-निर्देश–

(1) प्रसूची संलेखों में प्रदत्त सूचना सटीक होनी चाहिए। सामान्यतया आख्या पृष्ठ प्रसूचीकरण के लिए सूचना प्रदान करने का मुख्य स्रोत है। आख्या पृष्ठ से ली गई सूचना का लिप्यंतरण सही होना चाहिए। कभी-कभी प्रसूचीकरण उद्देश्यों के लिए आख्या पृष्ठ के बहिर्प्रवाह पृष्ठों जैसे प्रस्तावना, भूमिका, विषय-सूची की तालिका, परिचय और मूल पाठ इत्यादि में प्राप्त सूचना का उपयोग भी करना चाहिए। आजकल ऐसी सूचना आख्या पृष्ठ के पश्च भाग में दी जाती है।

(2) पुस्तकालय प्रसूची संलेखों में प्रदत्त सूचना पर्याप्त होनी चाहिए, जो प्रत्येक प्रलेख के लिए लेखक, आख्या, अन्य सहकारकों के नामों, पुस्तकालयों के नामों इत्यादि जैसे पक्षों के लिए अभिगम बिंदु

प्रदान कर सके। यह आवश्यक है कि पुस्तकालय द्वारा पाठकों के लिए पाठ्य सामग्री की सूचियाँ निर्मित की जाएँ।

(3) प्रसूचीकार को चाहिए कि वह पुस्तकालय प्रसूची को हमेशा अद्यतन रखने का प्रयास करे। इस उद्देश्य की प्राप्ति के लिए यह आवश्यक है कि प्रसूची संलेखों इत्यादि की फाइलिंग से संबंधित प्रक्रिया अविलम्ब पूर्ण की जानी चाहिए।

प्रश्न 3. प्रसूची पत्रक का मानक आकार पर एक टिप्पणी प्रस्तुत कीजिए।

उत्तर– पुस्तकालय प्रसूची पत्रक का मानक आकार 12.5 सेमी. × 7.5 सेमी. होता है। यह बिना 'लाइन' के पत्रक रूप में हो सकता है अथवा लाइनदार पत्रक के रूप में हो सकता है। इन दोनों प्रकार के पत्रकों के लिए नीचे दिए गए चित्रों को देखें–

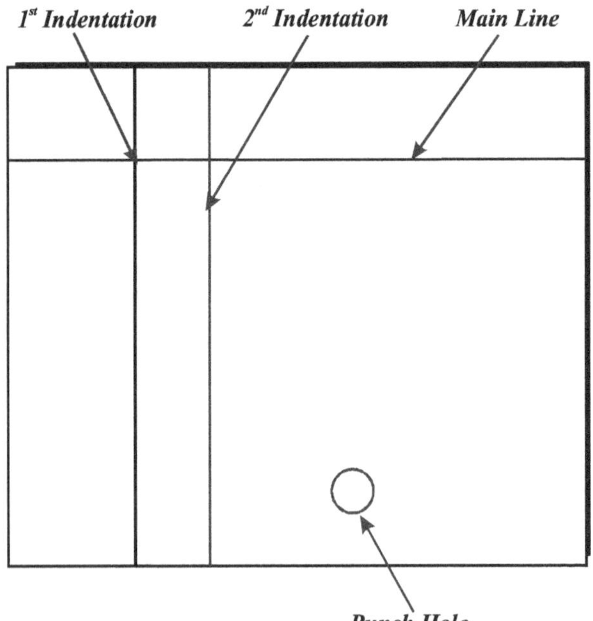

चित्र : प्रसूची पत्रक का एक प्रकार (Type 1 Catalogue Card)

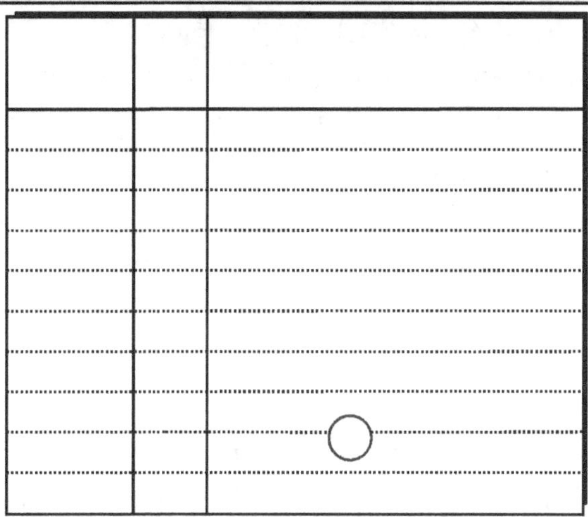

चित्र : प्रसूची पत्रक का एक दूसरा प्रकार (Type 2 Catalogue Card)

जब प्रलेख के विवरण को प्रसूची संलेख में अंकित या अभिलेखित करते हैं तो हाशिया रेखाएँ मुख्यत: एक रेखा से अन्य रेखाओं में स्पष्टता एवं भेद करने के लिए बनाई जाती हैं। उपयोक्ता की सुविधा हेतु प्रलेख के विवरण को विभिन्न अनुच्छेदों में अभिलेखित किया जाता है। विवरण में प्रत्येक अनुच्छेद द्वितीय हाशिया (अर्थात् द्वितीय खड़ी रेखा से) आरंभ होता है तथा इसकी सतता प्रथम हाशिया (अर्थात् प्रथम खड़ी रेखा) से की जाती है। यद्यपि मुख्य एवं इतर संलेखों के शीर्षक के लिए आरंभिक हाशिया, मुख्य रेखा पर अलग-अलग होता है। कोशीय प्रसूची एवं वर्गीकृत प्रसूची दोनों में शीर्षक अनुच्छेद/अग्र अनुच्छेद प्रथम हाशिया से आरंभ होता है। लेकिन शीर्षक की सतता कोशीय प्रसूची में द्वितीय हाशिया से तथा वर्गीकृत प्रसूची में प्रथम हाशिया से होती है।

प्रश्न 4. 'एकक पत्रक प्रणाली' क्या है?

अथवा

एकक पत्रक प्रणाली पर टिप्पणी कीजिए।

[जून-2018, प्र.सं.-5.0 (d)]

उत्तर– एकक पत्रक प्रणाली (यूनिट कार्ड सिस्टम) मेन एंट्री (मुख्य संलेख) में अभिलेखित सभी सूचनाओं को एडिड एंट्री

(इतर संलेख) में अभिलेखित किया जा सकता है अथवा एडिड एंट्री में प्रदत्त विवरण को संक्षिप्त कर सकते है क्योंकि उपयोक्ता द्वारा प्रलेख (Articles) के पूर्ण विवरण की आवश्यकता मेन एंट्री से पूरी हो सकती है। एकक पत्रक (यूनिट कार्ड) अथवा एकक अभिलेख प्रणाली (यूनिट रिकॉर्ड सिस्टम) में प्रलेख के मेन एंट्री तथा एडिड एंट्री समान सूचना प्रदान करते है। इनमें फर्क सिर्फ यह होता है कि प्रत्येक एडिड एंट्री में सबसे ऊपर अभिगम तत्त्व अंकित किया जाता है, जो द्वितीय शीर्ष से आरंभ होता है। ऐसे संदर्भों में मेन एंट्री को यूनिट एंट्री के नाम से जाना जाता है।

हम यहाँ पर यूनिट रिकॉर्ड सिस्टम एवं मेन एंट्री की प्रचलित विचारधारा का अवलोकन कर सकते हैं। अगर एक प्रलेख के सभी संभावित अभिगमों का पूर्ण विवरण प्रत्येक संलेख में दिया गया हो तो किसी को भी एंट्री को मेन एंट्री कहने की आवश्यकता नहीं रह जाती। भोदान एस. वाईनर (Bhodan S. Wynar) के अनुसार "कई लोग यह मानते हैं कि जब बहु-अभिगम बिंदु आसानी से उपलब्ध हों तथा ग्रंथपरक विवरण स्वत: ही पूर्ण हो तो उन अभिगम बिंदुओं में से किसी एक को 'मुख्य' पदनाम से निर्दिष्ट करने की आवश्यकता नहीं है। आगामी संहिताओं में यह विचार शायद लुप्त हो जाए।"

इस पुस्तक के लिए एकक पत्रक प्रणाली में संलेख इस प्रकार बनेंगे—

Working and Managing in a New age

Ron Garland

IVY Books - New York

चित्र

Call No.	*Garland, Ron.*
Acc. No.	*Working and managing in a new age/by Ron Garland.-New York: IVY Books,1990.* *xii, 207p; illus. 18 cm.* *1. Management. I Title.*

चित्र : मुख्य संलेख (Main Entry)

Call No.	*Working and managing in a new age.* *Garland, Ron.*
Acc. No.	*Working and managing in a new age/by Ron Garland.-New York: IVY Books, 1990.* *xii, 207p; illus. 18 cm.* *1. Management. I Title.*

चित्र : इतर संलेख-आख्या (एकक पत्रक प्रणाली)

Added Entry-Title (Unit Card System)

<table>
<tr><td rowspan="2">Call No.</td><td>MANAGEMENT

Garland, Ron.</td></tr>
<tr><td></td></tr>
<tr><td>Acc. No.</td><td>Working and managing in a new age/by
Ron Garland.-New York: IVY
Books, 1990.
xii, 207p; illus. 18 cm.

1. Management. I Title.</td></tr>
</table>

चित्र : इतर संलेख-विषय (एकक पत्रक प्रणाली)

Added Entry-Subject (Unit Card System)

जब इतर संलेख में प्रदत्त सूचना संक्षिप्त है तो उपरिलिखित विषय इतर संलेख निम्नांकित रूप में दिखता है—

<table>
<tr><td rowspan="2">Call No.</td><td>MANAGEMENT

Garland, Ron.</td></tr>
<tr><td></td></tr>
<tr><td>Acc. No.</td><td>Working and managing in a new
age, 1990.
xii, 207p; illus. 18 cm.</td></tr>
</table>

चित्र : इतर संलेख-विषय (एकक पत्रक प्रणाली)

Added Entry-Subject (Unit Card System)

यहाँ यह विशेष ध्यान दिया जाना चाहिए कि इस प्रकार के संक्षिप्त इतर संलेख में केवल आह्वान संख्या, लेखक, आख्या एवं प्रकाशन वर्ष दिए जाते हैं। कभी-कभी प्रकाशन वर्ष को छोड़ दिया जाता है। मुख्य रेखा पर इतर संलेख तत्त्व लिखा जाता है लेकिन यह द्वितीय हाशिया से आरंभ होता है जो दर्शाता है कि संलेख मुख्य नहीं है।

प्रश्न 5. प्रसूची संहिता के बारे में चर्चा कीजिए।

उत्तर– पुस्तकालय की पुस्तकें तथा अन्य अध्ययन-सामग्री की सूची वैधानिक विधि से बनाने के लिए कुछ नियमों का अनुसरण करना आवश्यक है। इससे सूची में एकरूपता बनी रहती है। अनुभवी सूचीकारों और पुस्तकालय विज्ञान के विद्वानों ने सूची को पुस्तकालय के उपयोगकर्त्ताओं के लिए अधिक उपयोगी बनाने के लिए प्रारंभ से ही ध्यान दिया और इसके लिए नियमों को बनाते रहे। नियमों के समूह को संहिता (code) कहते हैं। अत: सूचीकरण के इन नियमों के समूह को सूचीकरण संहिता कहते हैं।

सूचीकरण संहिताओं का क्रमश: विकास होता रहा है। इसका प्रारंभ ब्रिटिश म्युजियम लंदन में सन् 1841 ई. में 91 नियमों को बनाकर किया गया। तब से अब तक इस दिशा में निरंतर प्रयास हो रहा है।

सूचीकरण संहिताओं (Catalogue Codes) में ब्रिटिश म्युजियम कोड (1841), सी.ए. कटर का रूल्स फॉर ए डिक्शनरी कैटलॉग (1872), एंग्लो अमेरिकन कोड (1908) तथा उसका संशोधित ए.एल. ए. कैटलॉगिंग रूल्स (1941) तथा डॉ. रंगनाथन का क्लासिफाइड कैटलॉग कोड (1950) प्रसिद्ध है। आजकल एंग्लो अमेरिकन कैटलॉगिंग रूल्स 2 (A A C R 2) का प्रचलन है। यह ए.एल.आर. कैटलॉगिंग रूल्स का संशोधित रूप है।

सूची में एकरूपता, क्रमबद्धता और शुद्धता कायम करने के लिए प्रामाणिक और परीक्षित (tested) सूचीकरण संहिता की आवश्यकता अनिवार्य है।

A A C R 2 सूचीकरण संहिता नवीनतम है। इसमें सभी प्रकार की पुस्तकों तथा अन्य अध्ययन-सामग्री की सूची बनाने के लिए स्पष्ट

नियम दिए गए हैं। व्यक्ति लेखक, संपादित कृतियाँ, मिश्रित उत्तरदायित्व की कृतियाँ, पवित्र धर्मग्रंथ, साहित्यिक कृतियाँ, समष्टि लेखक, शासन, संस्था तथा क्रमिक प्रकाशन ही अधिकांश पुस्तकालयों में संग्रह किए जाते हैं। इन सब के लिए संहिता में उपयोगी और सूक्ष्म विवेचन के साथ नियम दिए गए हैं। अत: यह उपयुक्त संहिता है। इसके बाद डॉ. रंगनाथन की अनुवर्ग सूची संहिता (क्लासिफाइड कैटलॉग कोड) का उपयोग और प्रचार है। ये प्रमुख प्रसूची संहिताएँ निम्नलिखित हैं–

ब्रिटिश म्यूजियम कैटलॉगिंग रूल्स

1908 का ए.ए. कोड

प्रसियन इन्सट्रक्शन्स

वैटिकन रूल्स

क्लैसिफाइड कैटलॉग कोड

ए.एल.ए. रूल्स (प्रारंभिक द्वितीय संस्करण)

एल.सी. डिस्क्रिप्टिव रूल्स

ए.एल.ए. रूल्स (दूसरा निश्चयात्मक संस्करण)

ए.ए.सी.आर.-1 (1967)

ए.ए.सी.आर.-2 (1978)

ए.ए.सी.आर.-2 1988 (संशोधित)

प्रश्न 6. प्रसूचीकरण तत्त्वों (Cataloguing Elements) पर टिप्पणी कीजिए।

उत्तर– प्रसूचीकरण कोड बहुमत के अनुसार एक पुस्तक के मुख्य संलेख में निम्नलिखित को सम्मिलित किया जाता है–

(1) पुस्तक की आह्वान संख्या (Call number of the book)

(2) लेखक का नाम (Author's Name)

(3) पुस्तक का शीर्षक (Title of the book)

(4) पुस्तक का उपशीर्षक (Sub-title of the bookc

(5) पुस्तक का संस्करण (Edition of the book)

(6) प्रकाशन विवरण सूचना (प्रकाशन की जगह, प्रकाशक, प्रकाशन की तारिख) (Imprint information (place of publication:

publisher, date of publication))

(7) पृष्ठादि विवरण सूचना (पृष्ठांकन, दृष्टांत, आकार) (Collation information (pagination, illustration, size))

(8) ग्रंथमाला टिप्पणी (Series note)

(9) टिप्पणी जैसे–पुस्तक के बारे में अन्य जानकारी (Notes i.e. some additional information about the book)

(10) विषय-वस्तु (Contents)

(11) पुस्तक की परिग्रहण संख्या (Accession number of the book)

प्रश्न 7. आधारभूत संचालन (Basic Operation) पर टिप्पणी लिखिए।

उत्तर– प्रसूचीकरण प्रक्रिया में निम्न आधारभूत संचालन को समाहित किया जाता है–

(1) शीर्षकों के मुख्य संलेख तथा संवर्धित संलेख के विकल्प तथा उपकल्पन (Choice and rendering of headings of main entry and added entries)

(2) संलेखों के क्षेत्रों/अनुभागों में सूचनाओं को अंकित करना (Recording of information in the areas /sections of entries)

(3) लेखन शैली, विराम चिह्न, कैपिटलाइजेशन को निर्धारित करना (Determination of style of writing, punctuation marks, capitalisation)

(4) संलेखों की तैयारी करना (Preparation of entries)

(5) दस्तावेजों की आह्वान संख्या का अभिलेखन करना (Recording call numbers of the documents)

(6) सूचीपत्रों का नत्थीकरण करना (Filing of catalogue cards)

(7) गाइड कार्ड्स की तैयारी करना (Preparation of guide cards)

(8) संलेखों का रखरखाव तथा नवीनीकरण (Maintenance and updating of entries)

प्रश्न 8. पुस्तकालय प्रसूची के बाह्य स्वरूपों और आंतरिक स्वरूपों से आप क्या समझते हैं? व्याख्या कीजिए।

अथवा

पुस्तकालय प्रसूची के स्वरूपों की चर्चा कीजिए।

उत्तर– किसी भी पुस्तकालय के लिए सूची एक आवश्यक एवं महत्त्वपूर्ण उपकरण है। तभी तो विद्वानों ने इसे पुस्तकालय की कुंजी की संज्ञा दी है। नि:संदेह यह संज्ञा उचित है क्योंकि सूची ही वह उपकरण है जिसके माध्यम से उपयोगकर्त्ताओं को पुस्तकालय में उपलब्ध पाठ्य सामग्री के संबंध में जानकारी प्राप्त होती है तथा निधानियों पर उनके व्यवस्था क्रम का परिचय प्राप्त होता है। इसमें संदेह है कि बिना सूची के कोई भी पुस्तकालय अपना कार्य सुचारू रूप से पूर्ण कर सकेगा। पुस्तकालय प्रसूची के दो स्वरूप होते हैं–(1) भौतिक (Outer/Physical), और (2) आंतरिक (Inner)।

(1) भौतिक स्वरूप (Outer/Physical Forms)–सूची के बाह्य स्वरूप अथवा भौतिक स्वरूप से तात्पर्य सूची को प्रदर्शित करने की विधियों से है अर्थात् भौतिक स्वरूप सूची की रूपरेखा तथा भौतिक आकार से संबंधित होता है और उपयोगार्थ प्रस्तुत किया जाता है।

पुस्तकालय प्रसूची के भौतिक स्वरूपों को दो समूहों में बाँटा जा सकता है-पारंपरिक तथा गैर-पारंपरिक/आधुनिक पारंपरिक भौतिक स्वरूपों में सम्मिलित हैं–

(क) पारंपरिक स्वरूप

(i) पुस्तक अथवा पंजिका स्वरूप–यह सूची का पारंपरिक भौतिक स्वरूप है। सूची का यह स्वरूप पुस्तकालयों में मुक्त द्वार प्रणाली (Open Access) को अपनाए जाने से पूर्व अधिक प्रचलित था। बड़े एवं सामर्थ्यवान पुस्तकालय अपनी सूचियों को पुस्तकाकार में मुद्रित करवा लेते हैं। यह सूची मुख्य सूची कहलाती है तथा भविष्य में आने वाली नवीन पुस्तकों की सूचियाँ, मुख्य सूचियों के पूरक के रूप में प्रकाशित करते हैं।

(ii) मुद्रित पुस्तक स्वरूप–मुद्रित पुस्तक स्वरूप पुस्तकालय प्रसूची का एक और विशिष्ट स्वरूप है। अन्योन्य

संदर्भों एवं मिश्र संलेखों के साथ पुस्तकालय प्रसूची के इन स्वरूपों का निर्माण प्रसूचीकरण के संपूर्ण सिद्धांतों एवं नियमों के अनुरूप किया जाता है।

उन्नीसवीं सदी में पुस्तकालय प्रसूची का सर्वाधिक प्रचलित स्वरूप मुद्रित पुस्तकालय था। विशेषतया ब्रिटिश म्यूजियम लाइब्रेरी (अब नया नाम दि ब्रिटिश लाइब्रेरी), दि लाइब्रेरी ऑफ कांग्रेस, नेशनल लाइब्रेरी कोलकाता जैसे कुछ बड़े पुस्तकालयों द्वारा अपनी प्रसूचियों को पुस्तक स्वरूप में मुद्रित किया जाता है। प्रसूची को अद्यतन बनाए रखने के लिए निश्चित अंतराल पर इन प्रसूचियों के पूरक प्रकाशित किए जाते हैं, उदाहरणार्थ रॉयल एशियाटिक सोसायटी की बंबई शाखा के पुस्तकालय की प्रसूची को इसी विधि द्वारा अद्यतन बनाया जाता है।

(iii)　**पुलिंदानुमा स्वरूप**–सूची के इस स्वरूप का प्रादुर्भाव सन् 1871 में हुआ। इस सूची में प्रविष्टियों को 6" × 4" के माप की सुदृढ़ एवं मजबूत कागज की पर्णियों पर निर्मित किया जाता है। इस पर्णी के बाईं ओर दो छेद होते हैं। एक पर्णी पर केवल एक ही प्रविष्टि निर्मित की जाती है। प्रविष्टि टंकित करके अथवा हाथ से लिखकर तैयार की जाती है। इन पर्णियों को सुदृढ़ एवं मजबूत गत्तों (Cardboard) की बनी फाइल में रखा जाता है। समस्त प्रविष्टियों के पुलिंदों को यांत्रिक विधि से एक साथ बाँधकर रखा जाता है। प्रत्येक फाइल की पीठ (Spine) पर एक संकेत धारक (Label Holder) होता है जिसमें उस खंड में सूचीबद्ध विषय सामग्री को प्रदर्शित करने वाली संदर्शिका लिखकर लगा दी जाती है। इसमें पुलिंदे को खोलकर आवश्यकतानुसार नवीन प्रविष्टियों को समावेशित किया जा सकता है तथा निष्कासित पुस्तकों की प्रविष्टियों को सरलता से निकाला भी जा सकता है।

(iv) **पत्रक स्वरूप**–आधुनिक पुस्तकालय सूची के पर्याय इस भौतिक स्वरूप का प्रादुर्भाव फ्रांस में राज्य क्रांति के पश्चात् 18वीं शताब्दी के अंत में हुआ। इसके आविष्कार का श्रेय फ्रांसीसी पुस्तकालयाध्यक्षों को है। विश्व के समस्त आधुनिक पुस्तकालयों में सूची का यह स्वरूप अपनी अद्भुत कार्यशीलता एवं सूची की हमेशा अद्यतनयता के कारण सर्वाधिक लोकप्रिय एवं प्रचलित है। इस सूची में 5" × 3" माप का सुदृढ़ पत्रक होता है जिसमें नीचे की ओर बीचों-बीच एक छेद होता है। यह पत्रक प्रविष्टि बनाने के लिए प्रयुक्त किया जाता है। सामान्यत: एक पत्रक पर केवल एक ही प्रविष्टि निर्मित की जाती है। प्रविष्टियाँ टंकित अथवा हस्तलिखित हो सकती हैं। प्रविष्टियों के पत्रक किसी भी वांछित क्रम में लकड़ी अथवा धातु की दराजों में रखे जाते हैं। प्रत्येक दराज में लोहे अथवा पीतल की एक छड़ तथा धातु का एक संकेत धारक (Label Holder) लगा होता है। छड़ के बाहर वाले सिरे पर एक पेचदार घुंडी (Nob) लगी रहती है जिसकी सहायता से आवश्यकतानुसार छड़ को बाहर निकाला व अंदर डाला जा सकता है। पत्रक के छेद में होकर छड़ को डाल देने तथा घुंडी को घुमाकर बंद कर देने के पश्चात् पत्रक को बिना फाड़े दराज से बाहर नहीं निकाला जा सकता। प्रविष्टियों को दराज में अनुवर्ग अथवा अनुवर्णिक क्रम में व्यवस्थित कर रखा जाता है। दराज के संकेत धारक में दराज में रखी प्रविष्टियों के वर्ग अथवा वर्ण अक्षर को उपयोगकर्त्ता के सूचनार्थ अंकित कर दिया जाता है। यह दराजें लकड़ी अथवा धातु की एक मंजूषा में रखी जाती हैं। यह मंजूषा सामान्यत: फर्श से 3 या 3.5' ऊँचे आधार पर रखी जाती है। इसे पत्रक अनुक्रमणिका मंजूषा (Card Index Cabinate) अथवा पत्रक मंजूषा (Card Cabinate) कहते हैं।

(ख) **गैर-परंपरागत (Non Conventional)**–गैर-परंपरागत सूचियों को आधुनिक स्वरूप (Modern Form) भी कहा जाता है। पश्चिमी देशों में पत्रक स्वरूप धीरे-धीरे आधुनिक रूपों में बदलता जा रहा है। सूचियों के कुछ आधुनिक स्वरूप निम्नलिखित हैं–

(i) **दृश्य अनुक्रमणिका स्वरूप (Visible Index Form)**–इस प्रकार की सूचियों का प्रयोग मुख्य रूप से व्यावसायिक एवं औद्योगिक इकाइयों के पुस्तकालयों में किया जाता है। भारत में इसका प्रयोग सीमित है। इस स्वरूप में पत्रकों को एक के ऊपर एक इस प्रकार व्यवस्थित किया जाता है कि इसका एक किनारा उभरा हुआ रहता है जिससे कि पत्रक ही शीर्षक दिखता रहता है। इन पत्रकों का आकार सामान्यत: 12.5 × 20 सेमी. होता है एवं इन पत्रकों को एक कब्जेदार पॉकेट में रखा जाता है जो कि स्टील की बनी हुई कैबिनेट में रखी जाती है। इन कैबिनेट को कार्डेक्स (Kardex) कहा जाता है। कार्डेक्स नाम भारत में प्रचलित है अन्य देशों में इसे चेनडेक्स (Chaindex), स्ट्रिपडेक्स (Stripdex) आदि नामों से जाना जाता है। कार्डेक्स के अतिरिक्त अन्य दोनों स्वरूपों का उपयोग सीमित एवं कम ही किया जाता है।

(ii) **सूक्ष्म स्वरूप सूची (Microform Catalogue)**–इस प्रकार की सूचियों में पुस्तक की समस्त प्रविष्टियाँ माइक्रोफिल्म एवं माइक्रोफिश पर अंकित की जाती हैं। ये सूक्ष्म स्वरूप नंगी आँखों द्वारा नहीं पढ़े जा सकते हैं। जब कोई पाठक इनका उपयोग करना चाहता है तो वह इनको प्रोजेक्ट के माध्यम से पर्दे पर देख सकता है। माइक्रोफिल्म एक चरखी (Reel) होती है जिसको आगे एवं पीछे दोनों तरफ अवलोकित किया जा सकता है।

माइक्रोफिश एक पारदर्शी एवं टंकित स्वरूप होता है। यह वास्तविक अभिलेख का 1/40 वाँ भाग तक छोटा होता है। इसका अवलोकन कंप्यूटर के माध्यम से किया जाता है।

(iii) **यंत्र पठनीय प्रसूची/मार्क (Machine Readable Catalogue/Marc)**—पुस्तकालय विज्ञान के क्षेत्र में पिछले एक दशक से कंप्यूटर का उपयोग बढ़ने से क्रांति का युग आ चुका है। कंप्यूटर के द्वारा सूचीकरण के क्षेत्र में भी अनेक बदलाव आए हैं, जिन्हें समय की आवश्यकतानुसार पुस्तकालयों में अपनाया जा रहा है। आधुनिक युग में सूची के नए स्वरूपों में मार्क (Marc) अत्यंत महत्त्वपूर्ण है।

मार्क के अंतर्गत सूची की प्रविष्टियों को मैग्नेटिक स्वरूप में कंप्यूटर में अंकित कर दिया जाता है। इन सूचियों का उपयोग कंप्यूटर के माध्यम से ऑन लाइन एवं ऑफ लाइन के द्वारा किया जा सकता है। इस सूची का प्रादुर्भाव सन् 1967 में सर्वप्रथम यू.एस.ए. में हुआ। इसके स्वरूप के निर्माण में लाइब्रेरी ऑफ कांग्रेस एवं ब्रिटिश लाइब्रेरी ने महत्त्वपूर्ण योगदान दिया।

(2) आंतरिक स्वरूप (Inner Forms)—पुस्तकालय प्रसूची के भौतिक स्वरूपों के निकटवर्ती आंतरिक स्वरूप प्रसूची के गुणात्मक कार्यों को निर्धारित करते हैं। पुस्तकालय प्रसूची के आंतरिक स्वरूप भंडारण और पुनर्प्राप्ति की दृष्टि से सहायक क्रम प्राप्त करने के लिए प्रसूची में संलेखों के तार्किक एवं योजनाबद्ध क्रम में व्यवस्थापन को निर्दिष्ट करते हैं।

प्रसूचीकरण प्रक्रिया में दो संक्रियाएँ शामिल हैं—

(क) भंडारण और पुनर्प्राप्ति के लिए इन संलेखों को तार्किक और सहायक क्रम में संगठित करना, तथा

(ख) पुस्तकालय द्वारा अर्जित प्रलेखों के लिए विभिन्न प्रकार के संलेखों का निर्माण। इसे नीचे दिए गए चित्र में दर्शाया गया है—

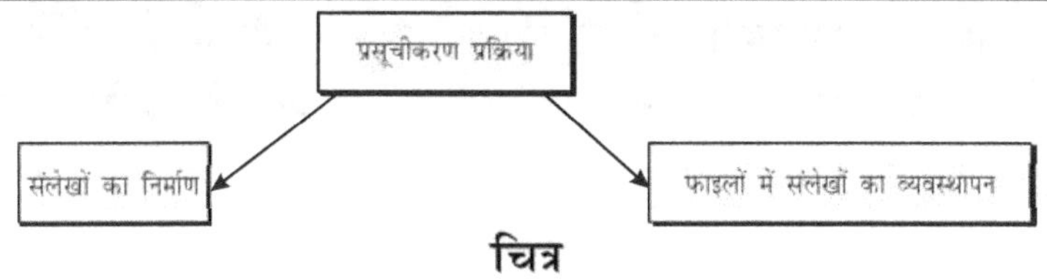

चित्र

यद्यपि संलेखों को सहायक क्रम में व्यवस्थित करने के अनेक तरीके हैं, आधुनिक प्रचलित तीन पद्धतियाँ इस प्रकार हैं–

(1) वर्णानुक्रमिक फाइल्स

(2) वर्गीकृत फाइल्स

(3) वर्णानुक्रमिक-वर्गीकृत फाइल्स

वर्णानुक्रमिक प्रसूची को दो प्रकार से तैयार किया जा सकता है–प्रथम, लेखकों, आख्याओं, नामों (लेखकों पर और उनके द्वारा रचित कृतियों का अभिलेखन) विषयों इत्यादि के लिए अलग-अलग प्रसूचियाँ बनाकर अथवा दूसरा, लेखकों, आख्या और विषयों इत्यादि के सभी संलेखों को एक ही वर्णानुक्रमिक फाइल में रखकर। इस दूसरे प्रकार को शब्दकोशीय प्रसूची के नाम से जाना जाता है। वर्गीकृत फाइल्स में मुख्य संलेखों को पुस्तकालय में प्रलेखों को फलकों पर व्यवस्थित करने के लिए चुनी गई वर्गीकरण पद्धति के द्वारा प्रदत्त वर्ग संख्या के अनुसार व्यवस्थित किया जाता है। इस फाइल के साथ एक वर्णानुक्रमिक अनुक्रमणिका होती है।

नीचे दी गई तालिका पुस्तकालय प्रसूची के विभिन्न आंतरिक स्वरूपों को स्पष्ट करती है–

तालिका

आंतरिक स्वरूप		
वर्णानुक्रमिक	वर्गीकृत	वर्णानुक्रमिक-वर्गीकृत
लेखक	वर्गीकृत भाग	विषय भाग
नाम	आनुवर्णिक भाग	वर्णानुक्रमिक अनुक्रमणिका
आख्या		
विषय		
शब्दकोशीय		

प्रश्न 9. शब्दकोशीय प्रसूची के विभिन्न प्रकार के संलेख कौन-से हैं? एक-एक उदाहरण के साथ प्रत्येक के संलेख की चर्चा कीजिए।

अथवा

शब्दकोश प्रसूची के विभिन्न संलेखों की उपयुक्त उदाहरणों के साथ चर्चा कीजिए।   [दिसम्बर-2018, प्र.सं.-2.1]

उत्तर– कोशीय प्रसूची के संलेख (Entries in a Dictionary Catalogue)–कोशीय अथवा शब्दकोशीय प्रसूची में पुस्तक के लेखक को महत्त्व दिया जाता है और मुख्य संलेख लेखक के अंतर्गत बनाया जाता है। शब्दकोशीय प्रसूची में सामान्यतया निम्नलिखित संलेख बनाए जाते हैं–

(1) मुख्य संलेख (Main entry) (लेखक के अंतर्गत अथवा आख्या के अंतर्गत; अगर लेखक ज्ञात नहीं है तो लेखकत्व विकीर्ण हो जाता है अथवा अगर पुस्तक संपादकीय निर्देशन में प्रस्तुत हुई है तो उसे पुस्तक की आख्या के अंतर्गत प्रविष्ट किया जाएगा)।

(2) इतर संलेख (Added entry) (पुस्तक की रचना से जुड़े व्यक्तियों अथवा संस्था अथवा संगठन अथवा समाज इत्यादि के लिए)।

(3) इतर संलेख-विषय (Added entry-subject) (प्रलेख में वर्णित विषय अथवा विषयों के लिए)।

(4) इतर संलेख-आख्या (Added entry-title) (पुस्तक की आख्या के लिए और वैकल्पिक आख्या के लिए, अगर हो)। कभी-कभी इतर संलेख पुस्तक की उप-आख्या के लिए भी बनाया जाता है (विशिष्ट उप-आख्या दिए होने पर, इतर संलेख उपयोगी होने की स्थिति में)।

इन विभिन्न संलेखों के अतिरिक्त कोशीय प्रसूची में 'संदर्भ संलेख' तथा 'वैश्लेषिक संलेख' भी बनाए जाते हैं। विशेषतया संदर्भ संलेख बहुत ही उपयोगी होते हैं।

यद्यपि कोशीय प्रसूची में मुख्य संलेख लेखक के अंतर्गत बनाया जाता है लेकिन हमें मुख्य संलेख के लिए शीर्षक अथवा संलेख तत्त्व तय करने में कठिनाई हो सकती है।

उदाहरणार्थ, पुस्तक की रचना एक व्यक्ति के स्थान पर दो, तीन अथवा कभी-कभी कई व्यक्तियों द्वारा मिलकर की जा सकती है अथवा पुस्तक विभिन्न व्यक्तियों की कृतियों का एक संग्रह भी हो सकती है। विभिन्न व्यक्तियों की संक्षिप्त कहानियाँ अथवा निबंधों अथवा कविताओं को एक साथ संग्रह के रूप में प्रकाशित किया जा सकता है। ऐसी स्थिति में मुख्य संलेख किस व्यक्ति के नाम से बनाया जाए यह एक विचारणीय विषय हो सकता है।

एक संगठन, संस्था, सरकारी निकाय, समाज, संघ अथवा अन्य को समष्टि निकाय के नाम से जाना जाता है। ये समष्टि निकाय भी प्रकाशन निकालते हैं। इस स्थिति में पुन: हमें मुख्य संलेख को निर्धारित करने में कठिनाई होती है। संलेख (मुख्य संलेख अथवा इतर संलेख) के शीर्षक अनुच्छेद में अभिगम बिंदु के चयन को शीर्षक चयन कहते हैं। इन प्रश्नों का समाधान पुस्तकालय में हमारे द्वारा प्रयोग में ली जाने वाली प्रसूची संहिता करेगी। संहिता हमें संदेहपूर्ण विवादों के समाधान के विषय में भी बताती है। उदाहरणार्थ, ए.ए.सी.आर.-2 के द्वितीय भाग में शीर्षक के चयन हेतु दिशा-निर्देश को नियमों के रूप में प्रस्तुत किया गया है। प्राय: प्रसूची संहिता शीर्षक चयन की समस्या का समाधान देती है।

जिस प्रकार हम प्रसूची संहिता में उपलब्ध निर्देशानुसार लेखक अथवा समष्टि निकाय के अंतर्गत मुख्य संलेख बनाते हैं, हमें अन्य संभावित शीर्षकों के लिए भी अतिरिक्त संलेख बनाने चाहिए। तब ही प्रसूची उपयोक्ता की सहायता कर सकती है। सामान्यतया इतर संलेख पुस्तक के सृजन में सहयोगी व्यक्तियों अथवा निकायों के लिए बनाए जाते हैं। निम्नलिखित उदाहरण इस प्रकार है—

उदाहरण–

THIS FASCINATING ASTRONOMY
V. Komarov

Translated from the Russian by N. Kittel
Mir Publishers
Moscow

चित्र

इस उदाहरण में मूल पुस्तक रूसी भाषा में वी. कोमरोव (V. Komarov) के द्वारा लिखी गई है। जिस पुस्तक का प्रसूचीकरण करना है वह एन. कीटेल (N. Kittel) के द्वारा अंग्रेजी भाषा में अनुवादित है तथा एन. कीटेल ने स्वयं को अनुवादक के रूप में संबद्ध किया है। अत: वह इस पुस्तक का सहकारक है। इसलिए हमें वी. कोमरोव के नाम से मुख्य संलेख बनाते हुए एन. कीटेल के अंतर्गत एक इतर संलेख भी बनाना होगा।

उपयोक्ताओं के विषय अभिगम की संतुष्टि के लिए जिन विषयों पर पुस्तकें लिखी गई हैं अथवा प्रलेखों को प्रकाशित किया गया है, उनके अंतर्गत इतर संलेखों का हम निर्माण करते हैं। बृहत् विषयों के संकुचित क्षेत्र में बढ़ती हुई विशेषज्ञता एवं व्यापक रुचि के कारण हम उन सूक्ष्म स्तर के उप विषयों के लिए संलेख बनाने का भी ध्यान रखते हैं। कई परिस्थितियों में दो अथवा अधिक विषय इतर संलेख भी बनाए जा सकते हैं।

उदाहरण–

POCKET HEALTH GUIDES
Consulting editor : Dr. Philip Brightwell

HEART TROUBLE
Dr. Simon Joseph, MA, BM, MRCP
Illustrated by the Hayward Art Group
Distributed by
PUSTAK MAHAL, DELHI

चित्र

इस पुस्तक के लिए व्यापक विषय शीर्षक MEDICINE दिया जा सकता है। लेकिन हृदय की बीमारी का अध्ययन जिस विशिष्ट विषय के अंतर्गत किया जाता है, उसे CARDIOLOGY के नाम से जाना जाता है। अत: इस पुस्तक के लिए दो विषय शीर्षकों की आवश्यकता हो सकती है। *लाइब्रेरी ऑफ कांग्रेस लिस्ट ऑफ सब्जेक्ट हेडिंग्स* तथा *सियर्स लिस्ट ऑफ सब्जेक्ट हेडिंग्स* – ये दो मानक सूचियाँ हैं, जिनका प्रयोग पुस्तकालय में प्रलेखों के विषय शीर्षक निर्धारण हेतु सामान्यतया

किया जाता है। रंगनाथन ने अपने वर्गीकरण सिद्धांतों का उपयोग करते हुए विषय शीर्षक निर्धारण की एक विधि प्रस्तुत की है। इस विधि को शृंखला प्रक्रिया कहते हैं।

हमारे द्वारा बनाया जाने वाला एक अन्य इतर संलेख, आख्या इतर संलेख है। जब मुख्य संलेख लेखक के अंतर्गत बनाया जाता है तो आख्या अभिगम की पूर्ति हेतु आख्या इतर संलेख बनाते हैं। कुछ प्रलेखों की वैकल्पिक आख्या भी होती है। उदाहरणार्थ, शेक्सपियर कृत

TWELFTH NIGHT; OR, WHAT YOU WILL

इसी प्रकार कुछ प्रलेखों की उप-आख्या उतनी ही सुस्पष्ट होती है जितनी मुख्य आख्या।

THE WAGON AND THE STAR

A STUDY OF AMERICAN COMMUNITY INITIATIVE

ये उप-आख्या युक्त पुस्तकें हैं। The Wagon and the Star मुख्य आख्या है तथा A Study of American Community Initiative उप-आख्या है। ऐसे प्रलेखों के लिए आवश्यकतानुसार वैकल्पिक आख्या अथवा उप-आख्या इतर संलेख बनाए जाते हैं।

कभी-कभी ग्रंथमाला के साथ-साथ उप ग्रंथमाला भी होती है। ऐसी स्थिति में हम ग्रंथमाला के साथ उप ग्रंथमाला के लिए भी इतर संलेख बनाते हैं। संलेखों के प्रकार एवं संलेखों की संख्या का निर्धारण उस पुस्तकालय की प्रकृति पर निर्भर करता है जिस पुस्तकालय में हम काम करते हैं। एक पुस्तक के लिए किसी बड़े पुस्तकालय में जितने संलेखों की आवश्यकता होगी, सामान्यतया एक छोटे पुस्तकालय में उस पुस्तक हेतु उतने संलेख बनाना आवश्यक नहीं है।

प्रश्न 10. शब्दकोशीय प्रसूची के डेटा तत्त्वों की सोदाहरण व्याख्या कीजिए।

अथवा

ए.ए.सी.आर.-2 आर. के अनुसार मुख्य संलेख के विभिन्न भागों का उल्लेख कीजिए। उपयुक्त उदाहरण देते हुए उनका विवरण दीजिए।

अथवा

कोश-प्रसूची के विभिन्न प्रकार के संलेखों की चर्चा उपयुक्त उदाहरणों के साथ कीजिए।

अथवा

ए.ए.सी.आर.-2, 1988 के अनुसार एक मुख्य संलेख बनाइए तथा इसके विभिन्न में समाविष्ट प्रत्येक मद को शामिल करने का औचित्य सिद्ध कीजिए। (आप डाटा स्वयं दीजिए।)

अथवा

ए.ए.सी.आर.-2आर. के मुख्य संलेख के विभिन्न भागों का उल्लेख कीजिए तथा उपयुक्त चित्र बनाते हुए उनकी पहचान कीजिए।

उत्तर– ए.ए.सी.आर.-2 के अनुसार शब्दकोशीय/कोशीय प्रसूची में डेटा तत्त्वों का अध्ययन एवं विवेचन निम्नलिखित पाँच अनुभागों के अंतर्गत किया गया है–

(1) मुख्य संलेख के भाग–सामान्य प्रसूची संलेख में इन क्षेत्रों के विवरण तत्त्वों के साथ निम्नलिखित सूचना भी प्रदान की जाती है–

(क) आह्वान संख्या–जो प्रलेख के लिए एक सांकेतिक अंकन है जिसका उपयोग पुस्तकालय संग्रह में प्रलेख के व्यवस्थापन के लिए होता है एवं संग्रह में पुस्तक की पहचान एवं स्थान निर्धारण के लिए भी होता है।

(ख) शीर्षक–अभिगम वह खोज तत्त्व है जिसके अंतर्गत यह संभव है कि उपयोक्ता प्रलेख को प्रसूची में लेखक के नाम, कृति की आख्या, ग्रंथमाला इत्यादि के अंतर्गत खोजे।

(ग) संकेतन–जो प्रलेख के लिए प्रदान किए गए अतिरिक्त संलेखों के विषय में सूचना देता है।

(घ) परिग्रहण संख्या–विवरण के आठ क्षेत्र एवं विभिन्न मदों : आह्वान संख्या, शीर्षक, संकेतन एवं परिग्रहण संख्या को एक साथ एक समूह में रखा जा सकता है जो एक मुख्य संलेख के विभिन्न भाग अथवा अनुच्छेद हैं।

मुख्य संलेख के अनुच्छेद, भाग एवं तत्त्व संबंधित प्रसूची संहिता के द्वारा निर्धारित अनुक्रम एवं चिह्नों का समावेश करते हैं।

मुख्य संलेख की संरचना के आठ भागों तथा उनके अनुच्छेदों एवं तत्त्वों का वायनर द्वारा निम्नलिखित प्रकार से वर्णन किया गया है–

(1) शीर्षक

(क) मुख्य संलेख के रूप में लेखक अथवा अन्य व्यक्ति अथवा समष्टि निकाय का चयन

(ख) आख्या, अगर (क) का निर्धारण न किया जा सका हो तो।

(2) संलेख संरचना (प्रथम अनुच्छेद)

(क) आख्या एवं दायित्व कथन क्षेत्र

    (i) मुख्य आख्या (वैकल्पिक आख्या को भी साथ में, अगर कोई है।)

    (ii) सामान्य सामग्री विवरण (जी.एम.डी.)।

    (iii) समांतर आख्या(एँ), अन्य आख्या सूचना, अगर कोई है।

    (iv) दायित्व कथन।

(ख) संस्करण क्षेत्र

    (i) संस्करण कथन (नाम, संख्या अथवा दोनों को एक संयुक्त रूप में)।

    (ii) संस्करण से संबंधित दायित्व कथन लेकिन सभी संस्करणों के नहीं।

(ग) सामग्री (अथवा प्रकाशन) विशेष विवरण क्षेत्र

    (i) मानचित्रात्मक सामग्री के लिए पैमाना एवं प्रक्षेपण कथन

    (ii) क्रमिक प्रकाशन के लिए संख्यात्मक एवं/अथवा वर्ण विवरण एवं अथवा कालक्रम पद।

(घ) प्रकाशन, वितरण इत्यादि क्षेत्र

    (i) प्रकाशन का स्थान, वितरण इत्यादि।

    (ii) प्रकाशक, वितरक इत्यादि का नाम।

    (iii) प्रकाशक, वितरक इत्यादि के कार्य का कथन इत्यादि (उदाहरणार्थ उत्पादन कंपनी) जब स्पष्ट करने की आवश्यकता हो।

    (iv) प्रकाशक, वितरण इत्यादि दिनांक तथा अगर आवश्यक है, तो कॉपीराइट दिनांक।

(v) उत्पादक का स्थान, उत्पादक का नाम, उत्पादन दिनांक (अगर प्रकाशक (उत्पादक) का नाम अज्ञात हो)।

(3) भौतिक विवरण क्षेत्र (द्वितीय अनुच्छेद)

(क) मद विस्तार (उदाहरणार्थ पृष्ठ, संपुट, डिस्क, फ्रेम इत्यादि की संख्या)।

(ख) अन्य भौतिक विवरण (उदाहरणार्थ चित्रयुक्त सामग्री, प्लेइंग स्पीड, सामग्री जिससे बनी है)।

(ग) परिमाप (उदाहरणार्थ ऊँचाई, व्यास)।

(घ) संलग्न सामग्री (उदाहरणार्थ टीचर्स गाइड, पृथक् मानचित्र)।

(4) ग्रंथमाला क्षेत्र, अगर कोई है (निम्नलिखित भौतिक विवरण द्वितीय अनुच्छेद के रूप में जारी)

(क) ग्रंथमाला की मुख्य आख्या, समानांतर आख्या(एँ), अन्य आख्या सूचना।

(ख) ग्रंथमाला से संबंधित दायित्व कथन।

(ग) ग्रंथमाला का आई.एस.एस.एन.।

(घ) ग्रंथमाला अंक।

(ङ) उप ग्रंथमाला।

(च) द्वितीय एवं आगामी ग्रंथमाला, प्रत्येक अपने सेट के साथ लघु-कोष्ठक में।

(5) टिप्पणी क्षेत्र (प्रत्येक टिप्पणी को एक पृथक् अनुच्छेद में दिया जाता है)। आवश्यक डेटा जो अभिलेख के उपर्युक्त भागों में सम्मिलित नहीं है।

(6) मानक संख्या एवं उपलब्धता क्षेत्र की शर्तें (अंतिम नोट के बाद अवतरित होने वाले अनुच्छेद में)।

(क) मानक संख्या (उदाहरणार्थ आई.एस.बी.एन., आई.एस.एस.एन.)।

(ख) क्रमिक प्रकाशन की सूचक आख्या।

(ग) उपलब्धता की शर्तें (उदाहरणार्थ मूल्य अथवा जिनके लिए उपलब्ध है)।

(7) संकेतन (पृथक् अनुच्छेद)

(क) विषय शीर्षक।

(ख) सह लेखकों, संपादकों इत्यादि के लिए इतर संलेख।

(ग) आख्या इतर संलेख।

(घ) ग्रंथमाला इतर संलेख।

(8) आह्वान संख्या (संलेख के ऊपरी बाएँ किनारे पर अथवा रेखा के आरंभ में जो संकेतन के लिए निर्धारित है।)

(क) वर्गीकरण संख्या।

(ख) कटर संख्या एवं कृति चिह्न, अगर कोई हो।

(2) भागों के उद्देश्य—प्रलेख का मुख्य संलेख प्रलेख का वर्णन इस प्रकार करता है कि उपयोक्ता प्रलेख को बिना देखे उसके लेखक, आख्या, संस्करण, प्रकाशक, मूल्य, प्रकाशन का वर्ष इत्यादि विवरण के विषय में जानकारी प्राप्त कर सके।

यह तय करना मुश्किल है कि कितने विवरण की आवश्यकता है इस कारण से ए.ए.सी.आर.-2आर. ने विवरण के विभिन्न स्तर प्रदान किए हैं।

(क) शीर्षक—शीर्षक प्रसूची संलेख का एक मुख्य तत्त्व है। शीर्षक प्रलेख का मुख्य अभिगम बिंदु है। प्रलेख के लिए सर्वप्रथम हम शीर्षक तय करते हैं जिसके अंतर्गत विवरण दिया जा सकता है। यह प्रसूची के उपयोग को आसान बना देता है। प्रसूची संहिताएँ विभिन्न प्रकार के प्रलेखों के शीर्षकों के चयन एवं प्रस्तुतीकरण से संबंधित नियमों का प्रावधान करती हैं। शीर्षक का चुनाव मुख्यतया लेखक (व्यक्ति अथवा समष्टि निकाय) एवं आख्या के मध्य होता है। व्यक्तियों अथवा समष्टि निकायों के नाम के आकलन में एकरूपता प्रकट करने के लिए प्रसूची संहिताएँ नाम के उपकल्पन हेतु मानदंड प्रस्तावित करती है। उदाहरणार्थ, शीर्षक इत्यादि में पहले कुलनाम दिया जाए या प्रथम नाम।

(ख) संलेख संरचना—मुख्य संलेख कई भागों अथवा इकाइयों से बनता है। यह मुख्य संलेख का प्रथम अनुच्छेद है। एक अनुच्छेद में इकाइयों को देने के लिए एक निर्धारित अनुक्रम है। इस अनुच्छेद में चार क्षेत्र होते हैं जिनके नाम हैं—

(i)   आख्या एवं दायित्व कथन क्षेत्र,

(ii)   संस्करण क्षेत्र,

(iii)   सामग्री अथवा प्रकाशन विशिष्ट विवरण क्षेत्र के प्रकार, एवं

(iv)   प्रकाशन, वितरण इत्यादि क्षेत्र।

प्रथम क्षेत्र में पुस्तक की उप-आख्या एवं वैकल्पिक आख्या, अगर कोई है एवं लेखकत्व कथन के विषय में सूचना दी जाती है। प्रलेख की आख्या यदि दो अथवा अधिक भाषाओं में से है तो यह क्षेत्र समांतर आख्या का भी विवरण देता है। इस क्षेत्र का उद्देश्य कृति की आख्या अथवा आख्याओं एवं कृति का सृजन करने वाले उत्तरदायित्वों की सूचना देना है।

प्रथम अनुच्छेद का *द्वितीय क्षेत्र* संस्करण क्षेत्र है जिसमें पुस्तक का संस्करण कथन दिया जाता है। जब एक पुस्तक के कई संस्करण हों तो उपयोक्ता को मालूम होना चाहिए कि कृति का कौन-सा अथवा कौन-से संस्करण पुस्तकालय में उपलब्ध है/हैं। संस्करण कथन एवं प्रकाशन वर्ष उपयोक्ता को प्रलेख की उपयोगिता की नवीनता के निर्धारण में सहायता देंगे।

ए.ए.सी.आर.-2आर. पुस्तकों के साथ-साथ पुस्तकेतर सामग्री जैसे चित्र ध्वनि, रिकॉर्डिंग इत्यादि हेतु प्रसूचीकरण नियमों का प्रावधान करता है। इसलिए इन सभी विभिन्न प्रकार की अभिलेख सामग्री के लिए संलेख प्रदान किए जाते हैं। प्रथम अनुच्छेद का *तृतीय क्षेत्र* इस आवश्यक सामग्री के विशिष्ट विवरण पद का नाम देते हुए पूरा करता है। जैसे–सामान्य सामग्री विवरण के लिए पद शब्द "जी.एम.डी." है।

प्रलेख का भौतिक विवरण क्षेत्र संलेख के द्वितीय अनुच्छेद का निर्माण करता है। प्रलेख की बहु-खंडीय कृति होने पर इस क्षेत्र में खंडों की संख्या की सूचना दी जाती है। केवल बहु-खंडीय पुस्तक होने पर यह आरंभिक पृष्ठों तथा पाठ्यांश पृष्ठों की संख्या की सूचना देता है। अन्य विवरण जैसे कृति में चित्र, डिस्क की गति अगर यह ध्वनि रिकॉर्डिंग है इत्यादि भी दिए जाते हैं। भौतिक विवरण में प्रलेख के आकार (ऊँचाई अथवा व्यास (चौड़ाई)) एवं संलग्न सामग्री जैसे कृति की विषय-वस्तु के लिए पुस्तक के अंत में पॉकेट में रखे गए नक्शे

अथवा टीचर्स गाइड इत्यादि से संबंधित सूचना का समावेश भी किया जाता है।

प्रलेख के ये महत्त्वपूर्ण विवरण, उपयोक्ता को अलमारी तक जाने एवं उस प्रलेख को चुनने से पहले प्रलेख के बारे में जानकारी देते हैं। चित्रित सामग्री इत्यादि की सूचना उपयोक्ता को प्रलेख को देखने अथवा न देखने के बारे में सहायता देगी।

प्रलेख के भौतिक विवरण को प्रसूची संलेख में 'पृष्ठादि विवरण' (Collation) कहते हैं। रंगनाथन की दृष्टि में पृष्ठादि विवरण एवं प्रकाशनादि विवरण इत्यादि सूचनाएँ आधुनिक सेवा पुस्तकालयों में, उपयोक्ता के लिए मुक्त प्रवेश के कारण, अधिक महत्त्व की नहीं हैं।

इस कथन के अनुसार, "इन दोनों का स्थायित्व वास्तव में मुद्रित प्रसूची के उपयोग की परंपरा के कारण है। लेकिन मुक्त प्रवेश सेवा आधारित आधुनिक पुस्तकालय में - जिसकी सही तुलना म्युजियम की जगह एक वर्कशॉप से की जाती है और जो मुद्रित प्रसूची को हस्तलिखित पांडुलिपि अथवा पत्र प्रसूची से प्रतिस्थापित करता है - यह महसूस किया गया है कि उन दोनों अनुच्छेदों में दी गई सूचना ज्यादातर पाठक कभी-कभी ही देखते हैं।

लेकिन ए.ए.सी.आर.-2आर. प्रसूची पत्रक के मुख्य संलेख में इन सूचनाओं का समावेश करने का समर्थन करता है।

द्वितीय अनुच्छेद में जोड़ी गई सूचना ग्रंथमाला से संबंधित सूचना होती है (अगर कृति ग्रंथमाला के अंतर्गत हो)। भौतिक विवरण के पश्चात् दो अक्षर की जगह छोड़ने के बाद लघु कोष्ठक (अर्थात् वृत्त कोष्ठक) में ग्रंथमाला दी जाती है। एक बड़ी ग्रंथमाला की उप-ग्रंथमाला से संबंधित कुछ कृतियाँ भी हो सकती हैं। इन सबको उनकी ग्रंथमाला संख्या सहित इस अनुच्छेद में दिया जाता है। उपयोक्ता कभी-कभी ग्रंथमाला अभिगम से भी पुस्तक को माँग सकता है। अगर एक ग्रंथमाला एक प्रसिद्ध प्रकाशक की है अथवा अगर एक प्रसिद्ध व्यक्ति ग्रंथमाला का संपादक है, तो प्रकाशित पुस्तक की ग्रंथमाला महत्त्व रखती है। उपयोक्ता तब पुस्तकालय प्रसूची में प्रकाशित कृति को ग्रंथमाला के अंतर्गत तलाश कर सकते हैं। इसलिए प्रसूची संलेख में ग्रंथमाला का अपना स्थान है।

टिप्पणी क्षेत्र–टिप्पणी क्षेत्र में प्रलेख के विषय में कोई भी अतिरिक्त उपयोगी सूचना दी जाती है। 'अतिरिक्त उपयोगी सूचना' (additional useful information) शब्द पर ध्यान दीजिए। टिप्पणी क्षेत्र में दी गई सूचना पुनरावृत्ति प्रकृति की नहीं होनी चाहिए जो किसी भी रूप में मुख्य संलेख के अन्य क्षेत्रों में दी गई है। टिप्पणी क्षेत्र में केवल ऐसी अत्यंत उपयोगी सूचना दी जानी चाहिए जो मुख्य संलेख में विभिन्न डेटा तत्त्वों में स्थान नहीं पा सकती है।

एक प्रलेख के विषय में उपयोगी सूचना के कई मद हो सकते हैं। अत: यह अच्छा होगा अगर विभिन्न मदों को विभिन्न अनुच्छेदों में दिया जाए। फिर भी ए.ए.सी.आर.-2आर. के नियम 1.7A1 में मदों को एक अनुच्छेद में देने के लिए प्रत्येक मद को अलग करने के लिए पूर्ण विराम, स्थान, डैश तथा स्थान का विकल्प दिया जाता है। एक टिप्पणी इतनी संक्षिप्त होनी चाहिए कि वह सूचना को तत्काल प्रस्तुत कर सके।

उदाहरण–(क) ... के साथ जिल्दबद्ध (Bound together with...)

(ख) ... के रूप में पूर्व में प्रकाशित (Published earlier as...)

ए.ए.सी.आर.-2आर. के नियम 21.7 तथा इसके उप-विभाजन में विभिन्न प्रकार की टिप्पणियों एवं उनके देने की विधियों को समझाया गया है।

टिप्पणी क्षेत्र उस जरूरी सूचना को देने के महत्त्वपूर्ण उद्देश्य को पूरा करता है जिसे मुख्य संलेख के अन्य क्षेत्रों अथवा भागों में नहीं दिया जा सकता। जहाँ मुख्य संलेख, प्रलेख को भौतिक रूप से देखे बिना ही, प्रलेख की तस्वीर को स्पष्ट करने का प्रयास करता है, वहीं इस संलेख का टिप्पणी क्षेत्र, उस प्रलेख के बारे में धारणा बनाने में उपयोक्ता के बिना प्रलेख देखे सहायता करता है।

मानक संख्या एवं उपलब्धता क्षेत्र की शर्तें–इंटरनेशनल स्टैंडर्ड बुक नंबर (ISBN) एवं इंटरनेशनल स्टैंडर्ड सीरियल नंबर (ISSN) क्रमश: प्रत्येक पुस्तक विशेष एवं प्रत्येक सामयिक आख्या-विशेष को प्रदत्त संख्या है। ये संख्याएँ अंतर्राष्ट्रीय सहमति पर आधारित होती हैं। मानक संख्या एवं उपलब्धता क्षेत्र की शर्तों को टिप्पणी क्षेत्र/क्षेत्रों के अंतिम अनुच्छेद के बाद एक नए अनुच्छेद में दिया जाता है।

राष्ट्रीय ग्रंथसूची अभिलेख हेतु संलेख के बनाए जाने की स्थिति में यह सूचना उपयोगी होती है। इस सूचना के साथ ही पुस्तक का विवरण पूरा होता है।

संकेतन–संकेतन एक पृथक् अनुच्छेद में दिया जाता है। एक कोशीय प्रसूची में मुख्य संलेख का यह अंतिम अनुच्छेद है। यह भाग प्रलेख के लिए बनाए गए इतर संलेखों को इंगित करता है। एक पुस्तक के लिए इतर संलेखों की आवश्यकता चार अभिगमों की पूर्ति - लेखक, आख्या, विषय एवं ग्रंथमाला - के लिए हो सकती है। चूँकि कोशीय प्रसूची में मुख्य संलेख - सिवाय आख्या मुख्य संलेख के - लेखक संलेख है, तो संकेतन में इंगित लेखक संलेख वे संलेख होते हैं जो सहयोगी जैसे सह-लेखक, संपादक, संकलनकर्त्ता, अनुवादक, चित्रकार, विवरणकार इत्यादि से बने होते हैं।

इस प्रकार प्रसूची संलेख में संकेतन अनुच्छेद बनाने के संबंध में मतभेद है। संकेतन अनुच्छेद वास्तव में उस पुस्तकालय कर्मचारी के लिए उपयोगी है, जो मुख्य संलेख से संबद्ध इतर संलेखों का निर्माण करेगा। उपयोक्ता को संकेतन अनुच्छेद देखने से ज्यादा लाभ नहीं मिलता। इसलिए कुछ लोगों की मान्यता है कि सुविधापूर्वक इस अनुच्छेद को देना बंद कर दिया जाए।

रंगनाथन के अनुसार संकेतन अनुच्छेद मुख्यतया पुस्तकालय कर्मचारी के लिए है। इतर संलेखों को बनाते समय अथवा पुस्तक संग्रह में से अनुपयोगी पुस्तकों का प्रत्याहरण करते समय संकेतन अनुच्छेद प्रसूची को पूर्ण एवं संशोधित करने में मदद करेगा।

फिर भी अगर इन पुस्तकों का पुस्तकालय संग्रह में से प्रत्याहरण कर दिया गया है अथवा अगर ये गुम हो गई हैं एवं प्रतिस्थापित नहीं हुई हैं, तो कोशीय प्रसूची में से उस प्रलेख से संबंधित संलेखों को हटा देना चाहिए। संकेतन अनुच्छेद तब ही मदद करता है।

क्लैसिफाइड कैटलॉग कोड में रंगनाथन सुझाव देते हैं कि संकेतन अनुच्छेद केवल प्रसूची संलेख के मुख्य संलेख पत्रक के पीछे दिया जाना चाहिए। संकेतन अनुच्छेद उपयोक्ता के द्वारा तुरंत नहीं देखा जाता है।

आह्वान संख्या—आह्वान संख्या प्रलेख के व्यष्टिकरण एवं पहचान के लिए अंकन रूपी प्रतीक का काम करती है। यह वर्गीकरण संख्या एवं लेखक संख्या से बनती है। आह्वान संख्या में कभी-कभी संग्रह संख्या एवं कृति संख्या भी सम्मिलित होती हैं।

आह्वान संख्या को पुस्तकालय में अपनाई गई वर्गीकरण पद्धति के अनुसार दिया जाता है। लेखक संख्या सामान्यतया कटर की लेखक सारणी पर आधारित होती है। संग्रह संख्या एवं कृति संख्या के लिए प्रतीकों का उपयोग पुस्तकालय के द्वारा निर्धारित नियमों के अनुसार किया जाता है।

प्रसूची संलेख में आह्वान संख्या या तो संलेख के ऊपर बाएँ किनारे पर अथवा संलेख के पूर्ण विवरण के बाद दाहिने किनारे पर दी जा सकती है।

(3) भागों की पहचान—निम्नलिखित संलेख में विवरण के विभिन्न क्षेत्रों को खंडों में बताया गया है एवं एक खंड के तत्त्वों को इसकी इकाइयों के रूप में खंड अंकन द्वारा बताया है। निम्नलिखित चित्र के नीचे इन संख्याओं के विवरण की कुंजी दी गई है—

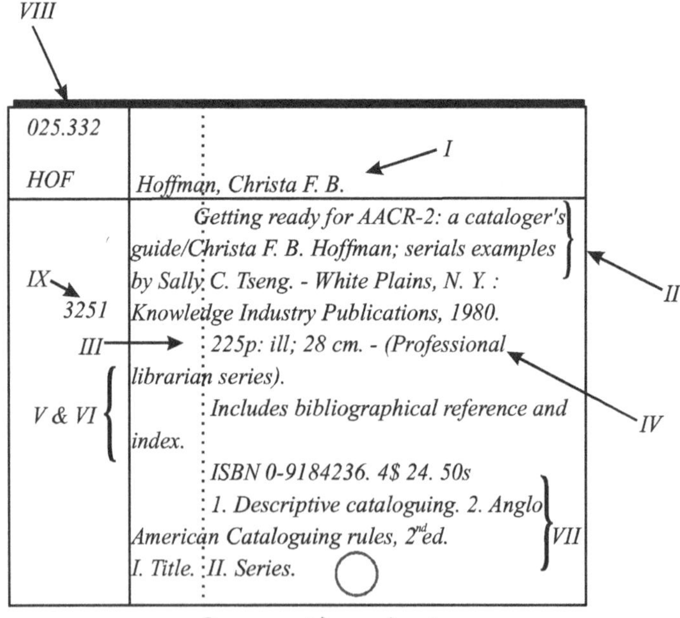

चित्र : संलेख की संरचना

I. शीर्षक, II. संलेख संरचना, III. भौतिक विवरण क्षेत्र, IV. ग्रंथमाला क्षेत्र, V. टिप्पणी क्षेत्र, VI. मानक संख्या एवं उपलब्धता की शर्तें, VII. संकेतन, VIII. आह्वान संख्या, IX. परिग्रहण संख्या।

(4) इतर संलेखों में डेटा तत्त्व–इतर संलेखों में मुख्य संलेख के समान ही तत्त्व दिए होते हैं। लेकिन इनमें इतर संलेख तत्त्व को सबसे ऊपर दिया जाता है जो द्वितीय हाशिया से प्रारंभ होता है। इतर संलेख तत्त्व वह अभिगम बिंदु है जिसके अंतर्गत अतिरिक्त इतर संलेख प्रदान किया जाता है जो उपयोक्ता को उन उचित अभिगम बिंदुओं से प्रलेख तक पहुँचने में सहायता प्रदान करता है।

एकक पत्रक प्रणाली नहीं अपनाए जाने की स्थिति में, इतर संलेख संक्षेप में बनाया जाता है तथा उसमें निम्नलिखित सूचनाएँ प्रदान की जाती हैं–

(क) आह्वान संख्या,   (ख) इतर संलेख तत्त्व,

(ग) मुख्य संलेख शीर्षक,   (घ) आख्या,

(ङ) संस्करण, एवं   (च) प्रकाशन वर्ष।

यह देखा जा सकता है कि उपर्युक्त सूचना प्रलेख के विषय में यथासंभव कम-से-कम सूचना है। कुछ स्थितियों में संस्करण विवरण एवं प्रकाशन वर्ष को हटा कर डेटा तत्त्वों को और कम किया जाता है।

| Call no. | | *PERSONNEL MANAGEMENT*
Flippo, Edwin B. |
| | | *Personnel management. - 6[th]ed. - 1997.* |

चित्र : इतर संलेख (Added Entry)

इसे और सरलीकृत करते हुए, निम्नलिखित प्रकार से दिया जा सकता है–

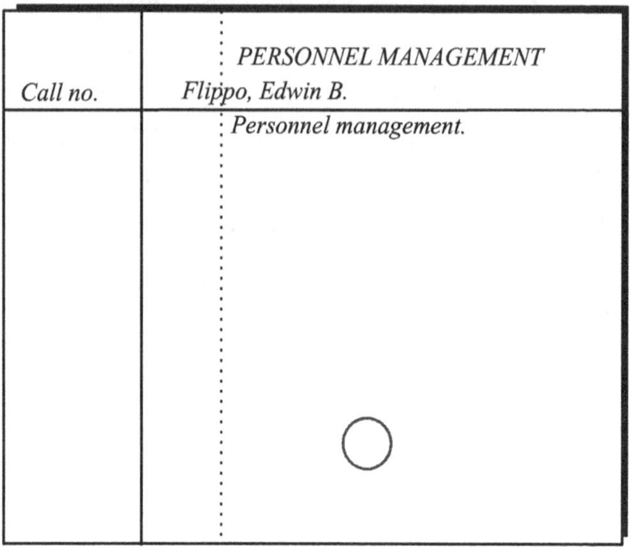

Call no.	*PERSONNEL MANAGEMENT* *Flippo, Edwin B.*
	Personnel management.

चित्र

इसी प्रकार आख्या अभिगम के लिए एक संलेख निम्नलिखित स्वरूप में दिया जा सकता है–

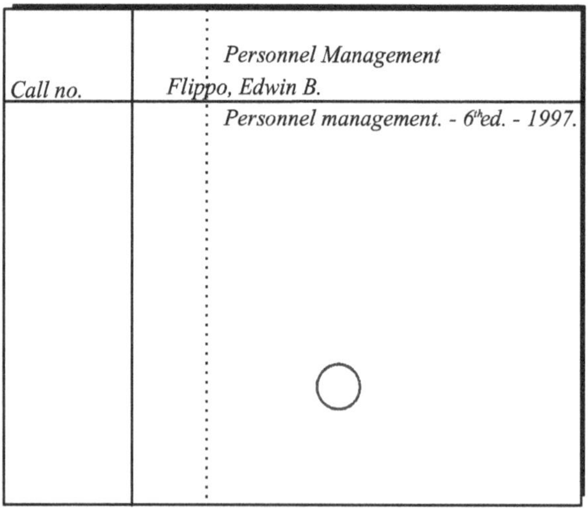

Call no.	*Personnel Management* *Flippo, Edwin B.*
	Personnel management. - 6thed. - 1997.

चित्र

उपर्युक्त आख्या अभिगम संलेख में से प्रकाशन वर्ष को हटाया जा सकता है। लेकिन इतर संलेखों के संक्षिप्त रूप में भी संस्करण विवरण एवं प्रकाशन वर्ष देना उचित है। ये सूचनाएँ उपयोक्ता को यह निर्धारित करने में सहायता प्रदान करती हैं कि पुस्तक वर्तमान समय तक कितनी अद्यतन है।

(5) **कोशीय प्रसूची के संलेख का प्रारूप**–शब्द "प्रारूप" का अन्य तात्पर्य एक फ्रेम अथवा रूपरेखा से है। इस अर्थ में हम ए.ए.सी. आर.–2आर. के अनुसार निर्मित प्रसूची के मुख्य एवं इतर संलेख के फ्रेम को देखने का प्रयास करते हैं, जिनमें विभिन्न डेटा तत्त्वों एवं आवश्यक विराम चिह्नों का उल्लेख किया गया है।

Call no.	*Main entry heading.*
Acc. no.	*Title proper (GMD). = Parallel title: other title/statement of responsibility. - Edition statement/Statement of responsibility relating to edition. - place of publication, distribution etc. : Publisher, etc. Date of publication.* *Extent of item: other physical details; Dimension + accompanying material. - (Series; number).* *Notes* *ISBN* *1. Subject heading. 2. Subject heading. I. Added entry. II. Title. III. Series.*

चित्र

उपर्युक्त मुख्य संलेख प्रारूप सभी प्रकार के प्रलेखों के लिए है। ए.ए.सी.आर.–2आर. में विभिन्न प्रकार की कृतियों के लिए निर्धारित नियमों के अनुसार एक व्यक्ति अथवा लेखक समष्टि निकाय अथवा कभी-कभी आख्या के नाम से मुख्य शीर्षक हो सकता है। जब शीर्षक एक व्यक्ति के नाम से हो तो उस नाम को निम्नलिखित रूप में देते हैं–

कुल नाम, अन्य नाम, जन्म-मरण वर्ष।

अगर मुख्य रेखा इस सूचना को अभिलेखित करने के लिए पर्याप्त नहीं है तो हम मुख्य संलेख के शीर्षक को द्वितीय हाशिया से दो अक्षर की जगह छोड़कर जारी करेंगे। इस काल्पनिक हाशिया को, जो पत्रक के बाएँ किनारे से 16 स्पेस के बाद होता है, तृतीय हाशिया के नाम से जाना जाता है। इस हाशिया को प्रसूची पत्रक में रेखा खींचकर नहीं दर्शाया गया है।

संकेतन अनुच्छेद में दो मदों के बीच में अरबी अंक एवं रोमन अंक देने के लिए आगे पीछे दो अक्षर का रिक्त स्थान छोड़ना है।

Call no.	*Added entry* *Second line of added entry (if necessary)* *Main entry heading.*
Acc. no.	*Title proper (GMD). = Parallel title: other title/statement of responsibility. - Edition statement/Statement of responsibility relating to edition. - Place of publication, distribution etc. : Publisher, etc., Date of publication.* *Extent of item : other physical details; Dimension + accompanying material. - (Series; number).* *Notes* *ISBN* *1. Subject heading. 2. Subject heading.* *I. Added entry. II. Title. III. Series.*

चित्र : इतर संलेख की रूपरेखा – एकक पत्रक विधि

(Skeleton Added Entry – Unit Card Method)

आख्या मुख्य संलेख—कई स्थितियों में, जहाँ मुख्य संलेख ए.ए. सी.आर.-2आर. के नियमों के अनुसार कृति की आख्या के अंतर्गत बनाया जाता है, संलेख की रूपरेखा थोड़ी भिन्न होती है। आख्या कथन को मुख्य रेखा से शुरू किया जाता है तथा द्वितीय हाशिया से जारी कर संलेख के मुख्य ढाँचे के पूर्ण होने तक जारी रखा जाता है, अर्थात् प्रकाशनादि विवरण के पूर्ण होने तक। द्वितीय हाशिया के आगे से संलेख का ढाँचा द्वितीय हाशिया पर टिका रहता है।

Call no.	*International bibliography of social and cultural anthropology/ prepared by Unesco International Committee for Social Science Information and Documentation. - London: Tavistrock Publications, 1995.*
Acc. no.	*1. Social Anthropology - Bibliographies. 2. Cultural Anthropology - Bibliographies. I. Unesco International Committee for Social Science Information and Documentation.*

चित्र

चूँकि मुख्य संलेख आख्या के अंतर्गत है, आख्या के लिए इतर संलेख बनाने की आवश्यकता नहीं है। अत: संकेतन अनुच्छेद में आख्या का उल्लेख नहीं करेंगे। लेकिन जब एक वैकल्पिक आख्या अथवा एक भिन्न विशेष उप आख्या अथवा कुछ स्थितियों में समांतर आख्या हो, तब उनके लिए भी इतर संलेख लिखते हैं।

प्रश्न 11. रंगनाथन के वर्गीकृत प्रसूची कोड के अनुसार संलेखों की व्याख्या कीजिए।

अथवा

वर्गीकृत प्रसूची के विभिन्न संलेखों की सोदाहरण चर्चा कीजिए।

अथवा

सी सी सी (CCC) के अनुसार प्रसूची संलेखों के विभिन्न प्रकारों की व्याख्या कीजिए।   [दिसम्बर-2017, प्र.सं.-3.1]

उत्तर– पुस्तकालय प्रसूची समय बचाने का एक युक्तिजनक साधन है। यह रंगनाथन द्वारा प्रतिपादित पुस्तकालय विज्ञान के चतुर्थ नियम 'पाठक का समय बचाएँ' उद्देश्य को साकार करने में सहायता करती है।

वास्तव में पुस्तकालय विज्ञान के पाँच सूत्रों की व्याख्या प्रलेखों के प्रसूचीकरण में मार्गदर्शक के रूप में की जा सकती है।

वर्गीकृत प्रसूची के संलेख–रंगनाथन द्वारा कृत सी सी सी (CCC) की वर्गीकृत प्रसूची में निम्नलिखित संलेख होते हैं–

(1) मुख्य संलेख

(2) अन्योन्य संदर्भ संलेख

(3) वर्ग सूचक संलेख

(4) पुस्तक सूचक संलेख

(5) अन्योन्य संदर्भ सूचक संलेख

उपर्युक्त में से प्रथम दो संलेखों के अग्र अनुच्छेद में वर्ग संख्या लिखी जाती है। अन्य संलेख शब्द संलेख (word entry) हैं जिनके शीर्षक अनुच्छेद में शब्दों को लिखते हैं। रंगनाथन की वर्गीकृत प्रसूची के मुख्यतया दो भाग हैं जिन्हें वर्गीकृत एवं वर्णानुक्रमिक भाग कहते हैं। वर्गीकृत भाग में मुख्य संलेख एवं अन्योन्य संदर्भ संलेख होते हैं तथा वर्णानुक्रमिक भाग में वर्णानुक्रम सूचक संलेख अर्थात् वर्ग सूचक, पुस्तक सूचक तथा अन्योन्य संदर्भ सूचक संलेख होते हैं।

इन संलेखों में से मुख्य संलेख, अन्योन्य संदर्भ संलेख एवं वर्ग सूचक संलेख वे संलेख हैं जिन्हें विषय के अंतर्गत दिया जाता है। इन्हें विषय संलेख भी कहा जाता है।

(1) मुख्य संलेख की परिभाषा–रंगनाथन के अनुसार जो प्रसूची संलेख किसी विशिष्ट प्रलेख को इंगित करता है वह एक विशिष्ट संलेख है। लेकिन जो संलेख किसी विशिष्ट प्रलेख को इंगित नहीं करता उसे सामान्य संलेख कहा जाता है।

रंगनाथन इतर संलेखों को दो बृहत् समूहों–सामान्य संलेख एवं विशिष्ट संलेख में विभाजित करते हैं। नीचे दिए गए उदाहरण से हम मुख्य संलेख की संरचना देख सकते हैं।

	2.55 N3 N58
	RANGANATHAN (Shiyali Ramamrita) *(1892 -1972).*
	Classified catalogue code with additional rules for dictionary catalogue code. *Ed 4.*
	(Madras Library Association Publication series, 24).
	6758

चित्र : मुख्य संलेख का प्रारूप (Specimen Main Entry)

(2) अन्योन्य संदर्भ संलेख–"एक अन्योन्य संदर्भ संलेख एक प्रलेख को प्रभुत्व केंद्र (Focus) वाले वर्ग में प्रविष्ट करने की बजाय किसी अन्य वर्ग में प्रविष्ट करता है।"

उदाहरणार्थ, माना कि पुस्तक का नाम *Text Book of Physics* है तथा इस पुस्तक में Electronics विषय का विवरण भी दिया हुआ है। यहाँ प्रभुत्व केंद्र अथवा वर्ग Physics है। लेकिन हम वर्ग Electronics के लिए अन्योन्य संदर्भ संलेख देकर उपयोक्ता की सहायता कर सकते हैं।

ऐसे संलेखों को कोशीय प्रसूची में विषय वैश्लेषिक संलेखों के नाम से जाना जाता है।

वर्गीकृत प्रसूची में अन्योन्य संदर्भ संलेख अन्य वर्गों के लिए दिए जाने वाले संलेखों की वर्ग संख्या के अंतर्गत दिए जाते हैं।

(3) वर्ग सूचक संलेख–वर्ग सूचक संलेख उपयोक्ता को प्रसूची के वर्गीकृत भाग को देखने के लिए निर्देश देता है जहाँ विभिन्न विषयों पर पाठ्य सामग्री समुचित वर्ग संख्या के अंतर्गत फिलियेटरी अनुक्रम में व्यवस्थित होती है। वर्ग सूचक संलेख 'शृंखला प्रक्रिया' विधि की सहायता से वर्ग संख्या द्वारा निर्मित किए जाते हैं।

उदाहरणार्थ, रंगनाथन के *Classified Catalogue Code* के लिए वर्ग सूचक संलेख इस प्रकार बनाए जाएँगे—

CLASSIFIED CATALOGUE CODE.
    2:55N3
CATALOGUING, LIBRARY SCIENCE.
    2:55
TECHNICAL TREATMENT, LIBRARY SCIENCE.
    2:5
LIBRARY SCIENCE.
    2

सभी वर्ग सूचक संलेखों में यह वक्तव्य दिया जाता है—"For documents in this Class and its Subdivisions, see the Classified Part of the catalogue under the Class Number"

पहले शब्द "Books" का उपयोग किया जाता था। अब इसकी जगह शब्द "document" संगतपूर्ण है।

उपर्युक्त विषयों में से एक के लिए बनाए गए संलेख इस प्रकार हैं—

<table>
<tr><td></td><td>LIBRARY SCIENCE.
For documents in this Class and its Subdivisions, see the Classified Part of the Catalogue under the Class Number-2</td></tr>
</table>

चित्र : वर्ग सूचक संलेख (Class Index Entry)

उपर्युक्त अन्य विषयों के लिए ऐसे ही संलेख बनाए जाते हैं।

(4) पुस्तक सूचक संलेख—पुस्तक सूचक संलेख प्रलेख के लिए बनाए गए विशिष्ट इतर शब्द संलेख हैं। इन संलेखों को लेखकों,

संपादकों, अनुवादकों इत्यादि के नामों के अंतर्गत, ग्रंथमाला के नाम के अंतर्गत तथा कुछ स्थितियों में आख्या के अंतर्गत बनाया जाता है।

सी.सी.सी. के अनुसार आख्या संलेख मात्र निम्नलिखित स्थितियों में ही बनाया जाता है–

(क) यदि आख्या विषय-अबोधक है।

(ख) यदि आख्या में व्यक्तिवाचक संज्ञा सम्मिलित है।

(ग) यदि आख्या व्यक्तिवाचक संज्ञा के रूप में प्रचलित है।

(5) अन्योन्य संदर्भ सूचक संलेख–रंगनाथन ने अपने क्लैसिफाइड कैटलॉग कोड में अन्योन्य संदर्भ सूचक संलेख का उपयोग उस प्रकार के संलेख के लिए किया है जो "प्राय: वर्णानुक्रमिक भाग में पाठक के ध्यान को एक शीर्षक से दूसरे समानार्थक शीर्षक की ओर आकर्षित करता है।"

"अन्योन्य संदर्भ सूचक संलेख का उद्देश्य पाठक के ध्यान को उस पद अथवा शब्द की ओर आकृष्ट करना है जिस शब्द से वह प्रसूची में दिए गए समतुल्य शब्द अथवा कुछ अन्य शब्दों के अंतर्गत अपनी सूचना पा सकता है। यह इसलिए है क्योंकि प्रसूची के सभी विशिष्ट संलेखों में प्रसूचीकृत प्रलेख के केवल आख्या पृष्ठ एवं उसके अतिरेक पृष्ठों पर उपलब्ध शब्दों को प्रस्तुत किया जाता है।"

वर्गीकृत प्रसूची में निम्नलिखित पाँच प्रकार के अन्योन्य संदर्भ सूचक संलेखों का उल्लेख किया गया है–

(क) वैकल्पिक नाम संलेख

(ख) शब्द संलेखों का परिवर्ती रूप संलेख

(ग) छद्मनाम–वास्तविक नाम संलेख

(घ) ग्रंथमाला–संपादक संलेख

(ङ) सजातीय-नाम संलेख

रंगनाथन उस संलेख के लिए अन्योन्य संदर्भ सूचक संलेख के नाम का प्रयोग करते हैं जो प्रलेख के प्रभुत्व केंद्र अथवा वर्ग के अलावा प्रलेख के किसी अन्य वर्ग (वर्गों) के लिए बनाए जाते हैं।

AACR-2R का उपयोग करके दस्तावेजों का प्रसूचीकरण करना
(Cataloguing Documents Using AACR-2R)

प्रसूचीकरण के उद्देश्य से अनेक संहिताएँ निर्मित की जा चुकी हैं। प्रसूचीकरण के कार्य में एकरूपता तथा अविच्छिन्नता बनाए रखने के लिए पुस्तकालयों द्वारा इनमें से किसी एक संहिता को अपनाया जाता है। इन संहिताओं का उपयोग कर पुस्तकालय कर्मचारी एक ऐसी प्रसूची का निर्माण करने में समर्थ हो जाते हैं जो वांछित प्रलेखों की प्राप्ति में उपयोक्ताओं की सहायता करती है।

सन् 1908 में प्रकाशित **ऐंग्लो अमेरिकन कैटलॉगिंग कोड** ए ए सी आर-2 आर के इतिहास की पहली कड़ी है। इस संहिता को संशोधित कर 1949 में ''ए एल ए कैटलॉगिंग रूल्स'' के रूप में प्रकाशित किया गया। सन् 1961 में प्रसूचीकरण सिद्धांतों के अंतर्राष्ट्रीय सम्मेलन (ICCP: International Conference on Cataloguing Principles) के बाद इसका नवीन संस्करण सन् 1967 में प्रकाशित हुआ जिसे ए ए सी आर अर्थात् ऐंग्लो अमेरिकन कैटलॉगिंग रूल्स (AACR: Anglo American Cataloguing Rules) के नाम से जाना जाता है। सन् 1978 में इसमें भी संशोधन कर इसके द्वितीय संस्करण को ए ए सी आर-2 (AACR-2) की आख्या से प्रकाशित किया गया। सन् 1988 में इस संस्करण के कुछ प्रावधानों को संशोधित किया गया जिसके फलस्वरूप ए ए सी आर-2 आर (AACR-2R) को प्रकाशित किया गया। ए ए सी आर-2 आर का अर्थ है ऐंग्लो अमेरिकन कैटलॉगिंग रूल्स के द्वितीय संस्करण का संशोधित संस्करण।

प्रश्न 1. AACR-2R की संरचना स्पष्ट कीजिए।

उत्तर– AACR-2R में दो भाग होते हैं–भाग-1 तथा भाग-2

भाग-1 : विवरण–भाग-1 में सभी प्रकार की सामग्री (मुद्रण तथा गैर मुद्रण) के मानक विवरण के लिए नियमों को शामिल किया गया है। इसमें कुल 13 अध्याय हैं जिनका विवरण नीचे दिया जा रहा है–

(1) विवरण के सामान्य नियम

(2) पुस्तकें, पैम्फ्लेंट्स तथा मुद्रित शीटें

(3) मानचित्र कला (कार्टोग्राफी) से संबंधित सामग्री

(4) पांडुलिपियाँ

(5) संगीत

(6) ध्वनि रिकॉर्डिंग

(7) चलचित्र तथा वीडियो रिकॉर्डिंग

(8) ग्राफिक सामग्री

(9) मशीन द्वारा पठनीय डाटा फाइलें

(10) त्रि-आयामी कलाकृतियाँ तथा मूर्त सामग्री (रीलिया)

(11) माइक्रोफोर्म

(12) धारावाहिक

(13) विश्लेषण

विशिष्ट प्रकार की सामग्री के लिए नियम अध्याय 2-12 में दिए गए हैं जबकि अध्याय 13 में विश्लेषणात्मक प्रविष्टियों के लिए नियमों को प्रस्तुत किया गया है। 13 से 21 के बीच में कोई अध्याय नहीं है।

शीर्षक, एक रूप शीर्षक तथा संदर्भ–यह भाग प्रसूची (कैटालॉग) में शीर्षकों तथा पहुँच बिंदुओं के निर्धारण तथा उनकी स्थापना से संबंधित है। इसमें मुख्य प्रविष्टि तथा जोड़ी गई प्रविष्टियों के विकल्प, शीर्षकों एवं एक रूप शीर्षकों तथा संदर्भों से संबंधित नियमों को शामिल किया गया है। ये नियम सभी प्रकार की पुस्तकालय सामग्रियों पर लागू होते हैं, चाहें उनका माध्यम कुछ भी हो। इस भाग में छह अध्याय हैं जो अध्याय-21 से शुरू होते हैं। इनके नाम इस प्रकार हैं–

(21) पहुँच बिंदुओं के विकल्प

(22) व्यक्तियों के लिए शीर्षक

(23) भौगोलिक नाम

(24) निगमित निकाय के शीर्षक

(25) एक रूप शीर्षक

(26) संदर्भ

इसके अतिरिक्त AACR-2R में चार अलग-अलग परिशिष्ट (एपेन्डिक्स) दिए गए हैं, जो निम्नानुसार हैं—

Appendix A: Capitalization. Appendix B: Abbreviations. Appendix C: Numerals. Appendix D: Glossary.

प्रश्न 2. AACR-2R के अनुसार ग्रंथसूची के विवरण की संरचना प्रस्तुत कीजिए।

अथवा

ए ए सी आर-2 आर (AACR-2R) में विवरण के तीन स्तरों का सोदाहरण वर्णन कीजिए।   [जून-2018, प्र.सं.-3.2]

अथवा

'विवरण के स्तर' से क्या अभिप्राय है? ए.ए.सी.आर.-2 आर. के अनुसार विवरण के द्वितीय स्तर के लिए डाटा तत्त्वों का वर्णन कीजिए।   [दिसम्बर-2018, प्र.सं.-3.1]

उत्तर– एन.बी.एम. का ग्रंथसूचीपरक विवरण पुस्तकों और अन्य सामग्रियों के लिए समान नियमों का पालन करता है। ग्रंथसूची प्रविष्टि की मुख्य संरचना में शीर्षक, विवरण और विषयों के विवरण सम्मिलित होते हैं। AACR-2R के अनुसार ग्रंथसूची के विवरण की संरचना नीचे प्रस्तुत की गई है—

- **पहला स्तर (1.OD1) (First Level)**–यह स्तर प्रसूचियों में दी गई छोटी मदों और प्रविष्टियों के लिए न्यूनतम विवरण की एक नीति के साथ डिजाइन किया गया था। ग्रंथसूचीपरक अवयवों को निम्नलिखित योजनाबद्ध उदाहरण में उल्लिखित किया गया है—

  Title proper/First statement of responsibility, if different from main entry heading in form of number or if there is no main entry heading. Edition statement. Material (or type of publication) specific details first publisher, etc., date of publication, etc. Extent of item–Note(s)–Standard number.

इन्हें छोटे पुस्तकालय संग्रह में वस्तु को पहचानने के लिए प्राथमिक रूप से यह पर्याप्त होगा।

Shastri Ravindra	
1946	Hamare Deshbashiyon [manuscript]–[s.l.:s.n], 10 leaves; 24 cm. Holograph, signed poem in Hindi. Two leaves are stained by water. 1. Hindi Poetry. I. Title ○

• **द्वितीय स्तर (1.OD2) (Second Level)**–पुस्तकालयों में पाई जाने वाली मदों के मानक क्षेत्र और प्रसूचियों की प्रविष्टियों के लिए मानक विवरण की एक नीति के साथ यह स्तर डिजाइन किया गया था।

इसमें निम्नलिखित अवयव सम्मिलित हैं–

Title proper [General material designation] = Parallel title: other title information/First statement of responsibility, Each subsequent statement of responsibility. –Edition statement/ First statement of responsibility relating to the edition,–material (or type of publication) specific details,–first place of publication, etc.: First publisher, etc., Date of publication, etc.. –extent of item: other physical details; Dimensions. –(Title proper of series/Statement of responsibility relating to series, ISSN of series; Numbering within the series. Title of sub-series, ISSN of sub-series; Numbering within sub-series)–Note(s). –Standard number. This level might appropriately be used in medium sized library.

Shastri Ravindra	
	Hamare Deshbashiyon [manuscript]–**[s.l.:s.n]**, 1946 10 leaves; 24 cm. Holograph, signed poem in Hindi. Two leaves are stained by water. 1. Hindi Poetry. I. Title. ○

- **तृतीय स्तर (1.OD3) (Third Level)**–इसमें वे सभी नियम सम्मिलित हैं जो सूचीबद्ध की जाने वाली सभी मदों पर लागू होते हैं। यह स्तर संपूर्ण विवरण प्रस्तुत करता है और इसे उन मदों के लिए सुझाया जाता है जिन्हें प्रसूची के संदर्भ में महत्त्वपूर्ण व दुर्लभ समझा जाता है।

प्रश्न 3. AACR-2R में मुख्य संलेखों (Main Entries) को बताइए।

अथवा

ए.ए.सी.आर.-2 आर. के अनुसार प्रमुख संलेख के विभिन्न भागों का वर्णन कीजिए। उन्हें वर्णित करते समय उपयुक्त उदाहरण भी दीजिए।   [दिसम्बर-2018, प्र.सं.-2.2]

उत्तर– मुख्यतः दो प्रकार से प्रसूची संलेख तैयार किया जा सकता है–मुख्य संलेख तथा इतर संलेख (added entries)। मुख्य संलेख एक दस्तावेज का पूर्ण प्रसूची अभिलेख होता है।

प्रसूची संलेख में मुख्य मदें (Important Items in Catalogue Entry)–एक प्रसूची संलेख बनाते समय निम्न मुख्य मदों को लिखना चाहिए–

(क) शीर्षक (Heading)

(ख) क्षेत्र तथा वर्णनात्मक तत्त्व (Areas and Descriptive Elements)

(ग) आह्वान संख्या (Call Number)

(घ) परिग्रहण संख्या (Accession Number)

(ङ) विरामदि चिह्न (Punctuation Marks)

(च) संकेतन (Tracing)

शीर्षक—शीर्षक प्रसूची संलेख का एक मुख्य तत्त्व है। शीर्षक प्रलेख का मुख्य अभिगम बिंदु है। प्रलेख के लिए सर्वप्रथम शीर्षक तय किया जाता है जिसके अंतर्गत विवरण दिया जा सकता है। यह प्रसूची के उपयोग को आसान बना देता है। शीर्षक के अंतर्गत प्रविष्टि व्यक्ति अथवा निकाय अथवा शीर्षक आदि के नाम से की जाती है।

कार्ड संख्या-1

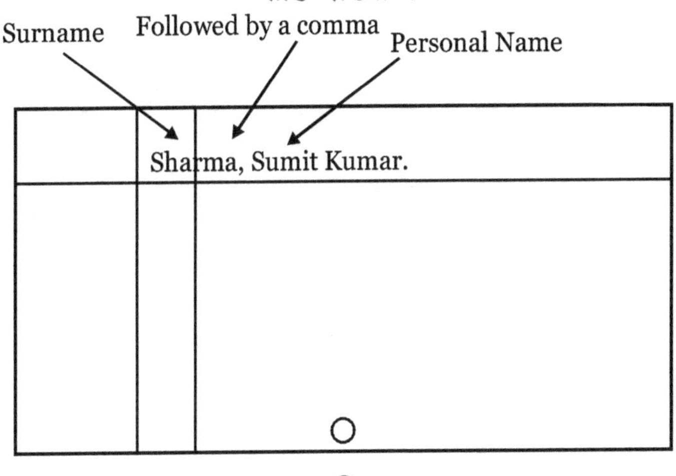

चित्र

यदि लेखक के नाम को पहली पंक्ति में शामिल न किया जा सके तब यह तीसरे काल्पनिक शीर्ष से जारी रहता है। यह बात निगमित लेखकों पर भी लागू होती है। लेकिन जब पुस्तक की प्रविष्टि शीर्षक के अंतर्गत की जाती है तब इसकी शुरुआत पहले शीर्ष से होती है तथा यह दूसरी शुरुआत से जारी रहती है। प्रविष्टि की इस प्रकार की अनुकृति को निलंबी शीर्ष (hanging indention) कहते हैं। निलंबी शीर्ष के मामले में सहकार्यता (collaboration), संस्करण, प्रकाशन विवरण आदि सभी सूचनाएँ केवल दूसरे शीर्ष से ही जारी रहती हैं।

निलंबी शीर्ष का उदाहरण–
कार्ड संख्या–2

Hanging Indention

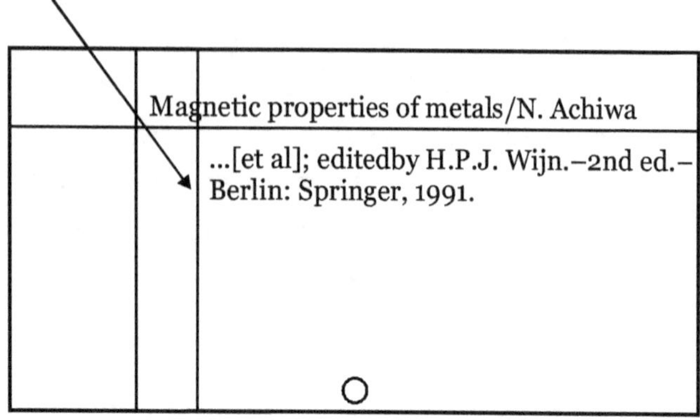

चित्र

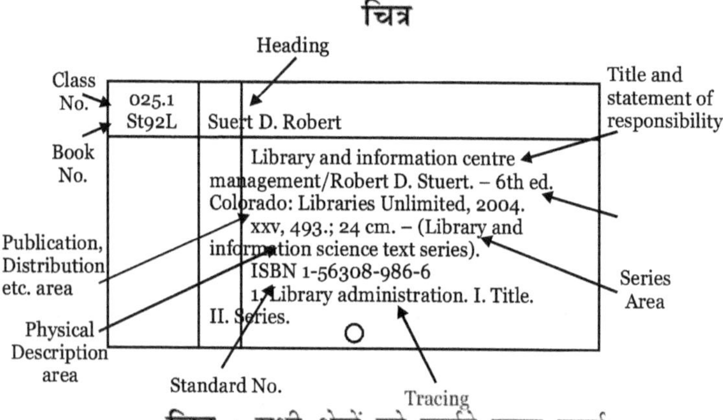

चित्र : सभी क्षेत्रों को दर्शाने वाला कार्ड

क्षेत्र एवं विवरणात्मक घटक (elements)–प्रसूचित किए जाने वाले प्रत्येक दस्तावेज के विवरण के आठ क्षेत्र होते हैं–

(1) शीर्षक तथा उत्तरदायित्व की विवरणी

(2) संस्करण

(3) सामग्री (अथवा प्रकाशन का प्रकार) विशिष्ट विवरण

(4) प्रकाशन, वितरण आदि

(5) भौतिक विवरण

(6) ग्रंथमाला (series)

(7) टिप्पणी

(8) मानक संख्या तथा उपलब्धता की शर्तें

इन क्षेत्रों में से प्रत्येक को खोजक प्रतीकों/विराम चिह्नों के प्रयोग द्वारा कई घटकों में आगे बढ़ाया जा सकता है। नीचे दिए गए प्रारूप पत्रक (skeleton card) में दर्शाया गया है कि दस्तावेजों का प्रसूचीकरण करते समय विवरण तथा विराम चिह्नों को किस प्रकार प्रविष्ट किया जाना है। यह ध्यान में रखा जाना चाहिए कि प्रसूचीकरण किए जाने वाले सभी दस्तावेजों के लिए विवरण और विराम चिह्नों का अनुक्रम एक जैसा होगा। इस अनुक्रम का अनुपालन हमें प्रसूचीकरण व्यवहार में AACR-2R का प्रयोग करते हुए करना होगा। यह कार्ड हमें सामान्य विवरणात्मक घटक प्रदान करता है जो अधिकांश दस्तावेजों पर लागू होते हैं। अगर प्रसूचीकरण के अधीन किसी दस्तावेज में कोई अतिरिक्त सूचना है तो उस अतिरिक्त विवरण को भी दिया जाना चाहिए।

कार्ड संख्या-3

Call No.	Author's name	
Acc. No.		Title: Subtitle/Author(s); Collaborator (s). –Edition. – Place of publication: name of the publisher, Date of publication. No. of pages: ill.; size of document in cm. –(Series/editor of series, ISSN of series; No. of the series). Note Standard Number Tracing O

चित्र : विवरण दर्शाता हुआ प्रारूप पत्रक

शीर्षक तथा उत्तरदायित्व क्षेत्र की विवरणी (Title and Statement of Resposibility Area)

–इस क्षेत्र में पाँच घटक शामिल हैं–

(1) उपयुक्त शीर्षक (title proper)

(2) सामान्य सामग्री विवरण

(3) समानांतर शीर्षक

(4) अन्य शीर्षक सूचना

(5) उत्तरदायित्व की विवरणी

(1) **उपयुक्त शीर्षक (Title Proper)**—उपयुक्त शीर्षक को सही शब्दों, क्रम तथा वर्तनी के साथ अंकित किया जाना है, किंतु विराम चिह्न तथा दीर्घीकरण (capitalisation) की दृष्टि से ऐसा होना आवश्यक नहीं है। इसे दूसरे शीर्ष से लिखा जाता है तथा प्रथम शीर्ष से जारी रहता है।

उदाहरण—प्रसूचीकरण के मूलभूत

(2) **सामान्य सामग्री विवरण (GMD)**—यह जोड़ ऐच्छिक है। AACR-2R में दो प्रकार के सामान्य सामग्री विवरण दो भिन्न सूचियों के अंतर्गत दिए गए हैं—(क) ब्रिटिश एजेंसियों के लिए तथा (ख) उत्तर अमरीकी एजेंसियों के लिए। आवश्यकतानुसार दोनों में से किसी एक का चयन किया जाना चाहिए। वर्गाकार कोष्ठक [ ] का प्रयोग GMD के लिए विरामादि चिह्न के रूप में किया जाना चाहिए। इसे उपयुक्त शीर्षक के तुरंत बाद अंकित किया जाना चाहिए।

उदाहरण—(क) उत्तर पूर्व भारत की सड़कें [मानचित्रकला सामग्री]®ब्रिटिश पद्धति।

(ख) उत्तर पूर्व भारत की सड़कें [मानचित्र]®उत्तर अमरीकी पद्धति

(3) **समानांतर शीर्षक**—दूसरी भाषा अथवा स्क्रिप्ट में उपयुक्त शीर्षक को समानांतर शीर्षक कहा जाता है तथा उसे उपयुक्त शीर्षक के तुरंत बाद उस क्रम में लिखा जाता है जिसे विराम चिह्न "=" के पहले के अनुक्रम में इंगित किया गया हो जैसा कि नीचे दर्शाया गया है—

उदाहरण—विश्व के शासन पर = डि मोनारकिया

(4) **अन्य शीर्षक सूचना**—अन्य शीर्षक सूचना (यदि कोई हो तो) को उचित शीर्षक अथवा समानांतर शीर्षक के बाद रिकॉर्ड किया जाना चाहिए तथा इससे पहले विराम चिह्न कोलन " :" हो जैसा कि निम्नांकित उदाहरण में दर्शाया गया है—

(क) **योजित बुद्धि (connected intelligence)**—वेब समाज (web society) का आगमन

(ख) **प्रसूचीकरण व्यवहार**—AACR—2 के लिए एक उपागम

(5) **उत्तरदायित्व की विवरणी**—यह दस्तावेज, व्यक्तियों अथवा निकायों की लेखक विवरणी है। इस क्षेत्र से पहले विकर्ण स्लैश "/" अंकित किया जाना चाहिए।

उदाहरण—पुस्तकलय सेवाओं का मूल्यांकन एवं मापन/जोसफ आर मैथ्यूस।

कार्ड संख्या–4

025.10973 M422E		Mathews, Joseph R.
		The evaluation and measurement of library services/Joseph R. Mathews. ○

चित्र

साझा उत्तरदायित्व—अगर उत्तरदायित्व की दो विवरणियाँ हों तो दोनों से पहले सेमी कॉलन " ; " लगाया जाना चाहिए।

दो लेखक

उदाहरण—पुस्तकालय तथा सूचना केंद्र प्रबंधन/रॉबर्ट डी स्टुअर्ट एवं बारबरा बी मोरन, छठा संस्करण

कार्ड संख्या–5

025.1 St92L		Stueart, Robert D.
		Library and Information centre management/Robert D. Stueart and Barbara B. Moran. – 6th ed. ○

चित्र

उदाहरण–

तीन लेखक   विकासात्मक मनोविज्ञान,

रॉबर्ट एम. लाइबर्ट, रीटा विक्स-नेलसन, रॉबर्ट वी. कैल,

प्रैन्टिस-हॉल, एंगलवुड क्लिफ्स

न्यू जर्सी, 1986

अगर तीन लेखक हों तो उन्हें कार्ड संख्या–6 में दर्शाई गई पद्धति से रिकॉर्ड किया जाना चाहिए।

कार्ड संख्या–6

155 LIE	Libert, Robert M.
	Development psychology/Robert M. Liebert, Rita Wicks-Nelson and Robert V. Kail. – 4th ed. –Englewook Cliffs, New Jersey: Prentice-Hall, 1986. ○

चित्र

तीन से अधिक लेखक–ऐसे मामलों में केवल पहले लेखक को अंकित किया जाता है और उसके पश्चात् लोप "....." का चिह्न लगाया जाता है तथा वर्ग कोष्ठक में et al अंकित किया जाता है।

उदाहरण–(क) अंकीय युग में पढ़ने की आदत/चं. इकबाल सिंह.....(*et al*)

सामग्री (अथवा प्रकाशन का प्रकार) विशिष्ट विवरण क्षेत्र–यह क्षेत्र मानचित्र कला सामग्री, संगीत, कंप्यूटर फाइलें, धारावाहिक प्रकाशन, माइक्रोफार्म आदि के लिए प्रयुक्त किया जाता है।

उदाहरण–(क) विद्यालय एटलस (मानचित्र)

प्रकाशन, वितरण आदि क्षेत्र–इस क्षेत्र में प्रकाशन के स्थान, प्रकाशक का नाम तथा प्रकाशन की तिथि से संबंधित सूचना रिकॉर्ड की जाती है। यह सूचना सभी प्रकार के प्रकाशनों, वितरण, रिलीज, जारी

करने, संबंधी गतिविधियों पर प्रभावी होती है तथा इसे संस्करण क्षेत्र के बाद पूर्ण विराम, डैश तथा रिक्त स्थान के माध्यम से अंकित किया जाता है।

उदाहरण–शोध के स्तर की गुणवत्ता को कैसे सुधारा जाए/जी. देवराजन–प्रथम संस्करण–नई दिल्ली: एस एस प्रकाशन, 2002

कार्ड संख्या–7

		Devaranjan, G
		How to improve quality in research/G. Devarajan. – 1st ed. –New Delhi: Ess Ess Publications, 2002.
		◯

चित्र

भौतिक विवरण क्षेत्र–इसे अलग अनुच्छेद में प्रविष्ट किया जाना है।

उदाहरण–xii, 315 पृ. : ills; 25cm.

यहाँ पर xii = प्रारंभिक पृष्ठ, 315 = मूल पाठ; पृष्ठ संख्या के बाद पूर्ण विराम तथा कोलन; Ill = Illustration ; 25 cm = पुस्तक के आकार से पूर्व सेमीकॉलन लगाएँ।

ग्रंथमाला (सिरीज क्षेत्र)

ग्रंथमाला की सूचना कोष्ठकों में दी जानी है तथा उससे पहले पूर्ण विराम, रिक्त स्थान, डैश तथा खाली स्थान आएगा, यथा–(. —)

उदाहरण–(पुस्तकालय विज्ञान में रंगनाथन ग्रंथमाला)

ग्रंथमाला अथवा उपग्रंथमाला के उत्तरदायित्व की विवरणी से पहले विकर्ण स्लेश (/) आएगा।

उदाहरण–(तकनीकी रिपोर्ट श्रृंखला/विश्व स्वास्थ्य संगठन) अगर श्रृंखला में ISSN प्रदान किया गया है तो उसे उत्तरदायित्व की विवरणी के पश्चात् दिया जाएगा तथा उससे पहले अर्द्ध विराम आएगा।

उदाहरण–(पश्चिमी कनाडा श्रृंखला रिपोर्ट, ISSN 0317-3127)

श्रृंखला अथवा उपश्रृंखला की संख्या से पहले सेमीकोलन (:) आएगा।

उदाहरण–(पर्यावरण विज्ञान शोध; v.6)

टिप्पणी क्षेत्र–अगर किसी दस्तावेज के और अधिक विवरण की आवश्यकता हो तो टिप्पण क्षेत्र को अलग अनुच्छेद में प्रस्तुत किया जाएगा। कुछ महत्त्वपूर्ण मदें होती हैं जिन्हें टिप्पण क्षेत्र में शामिल किया जा सकता है।

– भाषा

उदाहरण–मणिपुरी में कमेंट्री

– उपयुक्त शीर्षक का स्रोत

उदाहरण–आवरण शीर्षक पुस्तकालय सेमिनार

मानक संख्या तथा उपलब्धता क्षेत्र के नियम–मानक संख्या यथा–ISBN अथवा ISSN को टिप्पणी क्षेत्र के बाद सहमति प्राप्त संक्षिप्ताक्षर तथा मानक रिक्त स्थान अथवा हाइफन द्वारा रिकॉर्ड किया जाता है।

उदाहरण–ISBN 81 – 7000 – 315 – 6

कॉल संख्या–कॉल संख्या में कॉल संख्या तथा पुस्तक संख्या का समावेश होता है। कॉल संख्या को कार्ड के बाएँ किनारे पर एक रिक्त स्थान छोड़कर क्षैतिज पंक्ति के एक पंक्ति ऊपर किया जाता है। पुस्तक संख्या को कार्ड के बाएँ किनारे पर एक रिक्त स्थान छोड़कर पहली क्षैतिज रेखा पर अंकित किया जाता है।

पहुँच संख्या–हालाँकि पहुँच संख्या के बारे में कोई नियम निर्धारित नहीं किए गए हैं, किंतु प्राय: यह कार्ड की लाल क्षैतिज रेखा की पाँचवी पंक्ति से अंकित की जाती है।

विराम चिह्न अंकन–विरामादि चिह्न विवरण क्षेत्र तथा घटकों के लाभ AACR-2R में निर्धारित विधि के अनुसार अंकित किए जाने चाहिए।

संकेतन–संकेतन तैयार की जाने वाली सभी जोड़ी गई प्रविष्टियों का रिकॉर्ड होता है जिसके अंतर्गत विषय शीर्षक, संयुक्त लेखक, सहयोगकर्ता, शीर्षक, ग्रंथमाला आदि का समावेश होता है।

विषय के शीर्षकों को 'सियर्स की विषय शीर्षक सूची' तथा विषय शीर्षकों की अन्य मानक सूचियों से लिया जा सकता है।

प्रश्न 4. मुख्य संलेख के अधिगम बिंदु को निर्धारित करने के लिए AACR-2R द्वारा प्रतिपादित मुख्य सिद्धांतों को उदाहरण सहित बताइए।

उत्तर– AACR-2R में मुख्य प्रविष्टि तथा जोड़ी गई प्रविष्टि के पहुँच बिंदुओं के निर्धारण हेतु नियम प्रदान किए गए हैं। कुछ महत्त्वपूर्ण सिद्धांत निम्नानुसार हैं–

- मुख्य प्रविष्टि निजी लेखक अथवा निगमित निकाय के नाम से होगी जो उस दस्तावेज के लिए उत्तरदायी हो।

- प्राय: विवरणात्मक प्रसूचीकरण से चार प्रकार के पहुँच बिंदु प्राप्त होंगे–
    - निजी नाम पहुँच बिंदु
    - निगमित नाम पहुँच बिंदु
    - एकरूप शीर्षक
    - देशज तथा शीर्षक पहुँच बिंदु

- दस्तावेज का शीर्षक, विषय का शीर्षक तथा अन्य जोड़ी गई प्रविष्टियाँ (जो कि मुख्य प्रविष्टि कार्ड में निर्दिष्ट हैं) भी हुँच बिंदु प्रदान करती हैं।

- मुख्य प्रविष्टि दस्तावेज के शीर्षक के अंतर्गत आएगी, यदि वह निजी लेखक अथवा निगमित निकाय से संबंधित नहीं है।

इन सिद्धांतों को निम्न उदाहरणों द्वारा समझा जा सकता है–

(1) एकल व्यक्तिगत लेखक (Single Personal Authorship)–जब एक पुस्तक का एक लेखक होता है तब उस पुस्तक का संलेख (entry) लेखक के नाम के अंतर्गत की जाती है।

उदाहरण–नीचे दिया गया उदाहरण एकल लेखक द्वारा लिखित है।

TQM in Library and Information Services

Dr. Roshan Raina

Infuse, Inc.

New Delhi

<table>
<tr><td colspan="2">

<u>Other Information</u>

</td></tr>
<tr><td>

Call no.
Accession no.
Pages
Year of Publication
Size
ISBN
Note

</td><td>

: 025. 1 R133T
: 44164
: ix, 152
: 1999
: 21 cm
: 81-87076-42-9
: Includes a select bibliography

</td></tr>
</table>

Main Entry

025.1 R133T	Raina, Roshan
44164	TQM in library and information services/Roshan Raina. –New Delhi: Infuse, 1999 ix, 152p. 21 cm. Includes a select bibliography. 1. Library Services-Quality control. I. Title O

नोट–(1) AACR-2R के नियमानुसार संलेख करते समय पुस्तक के शीर्षक पृष्ठ (Title Page) पर छपे 'ड़ा' शब्द को हटा दिया जाता है।

(2) 'नोट अनुभाग' में ग्रंथसूची के बारे में नोट लिखा जाता है।

Added Entry (Subject)

025.1 R133T		LIBRARY SERVICES-QUALITY CONTROL Raina, Roshan
		(Rest as in the main entry) O

नोट–वर्धित–विषय संलेख सियर्स की विषय शीर्षकों की सूची का प्रयोग करके तैयार किया जाता है। विषय शीर्षक सदैव बड़े अक्षरों (capital letters) में लिखा जाता है।

Added Entry (Title)

025.1 R133T	TQM in library and information services Raina, Roshan
	(Rest as in the main entry) O

(2) सहदायित्व के साथ दस्तावेज (Document with **Shared Responsibility)**–एक ऐसी कृति को जो दो अथवा अधिक समष्टि निकायों द्वारा सहभागी उत्तरदायित्व का परिणाम है, मुख्य स्रोत के शब्दों अथवा निर्माण योजना से परिलक्षित उस निकाय के अंतर्गत प्रविष्ट करना चाहिए जो प्रमुख रूप से उत्तरदायी हो। यदि प्रमुख उत्तरदायित्व दो या तीन निकायों के प्रति परिलक्षित हो तो प्रथमांकित नाम के अंतर्गत संलेख का निर्माण करना चाहिए। यदि उत्तरदायित्व में तीन से अधिक समष्टि निकायों ने सहभागिता की है और प्रमुख उत्तरदायित्व किसी एक, दो अथवा तीन के प्रति परिलक्षित नहीं होता है तो आख्या के अंतर्गत प्रविष्ट करना चाहिए। सहभागी लेखकत्व के ये नियम उन व्यक्तियों को भी प्रयोज्य हैं जो किसी कृति के उत्तरदायित्व में सहभागिता करते हैं। समष्टि निकाय की अधीनस्थ इकाई की कृति, यदि उसका नाम कृति में प्रबलित रूप से अंकित है तो उस अधीनस्थ इकाई के अंतर्गत प्रविष्ट होती है।

उदाहरण–दो व्यक्तिगत लेखकों द्वारा लिखित एक पुस्तक का उदाहरण निम्नलिखित है–

<table>
<tr><td colspan="2" align="center">Introductory Linear Algebra with Applications

John W. Brown

&

Donald R. Sherbert

Boston

Prindle, Weber & Schmidt

1984</td></tr>
</table>

<u>Other Information</u>

Call No.	: 512.5 BRO
Accession No.	: 51621
Year of Publication	: 1984
Size	: 26 cm.
Page	: xii, 491p
ISBN	: 0-87150-700-S

Main Entry

512.5 BRO	
	Brown, John W.
	Introductory linear algebra with applications/John W. Brownand Donald R. Sherbert.-Boston: Prindle, Windle and Schmidt, 1984.
51621	xii, 491p.; 26cm. ISBN 0-87150-700-S
	O <u>Continued on next card</u>

Main Entry (Continued)

512.5 BRO		Continued 1.
	Brown, John W.	
	1. Linear Algebra. I. Sherbert, R. Donald. II. Title.	
	O	

ऊपर दिए गए उदाहरण में प्रमुख दायित्व को नहीं दर्शाया गया है, पुस्तक दो लेखकों द्वारा लिखित है और दोनों लेखकों को यहाँ समान रूप से दिखाया गया है। इसलिए मुख्य संलेख (main entry) प्रथम लेखक के नाम द्वारा तैयार किया गया है तथा वर्धित संलेख (added entry) दूसरे लेखक के नाम द्वारा तैयार किया गया है।

Added Entry (Subject)

512.5 BRO		LINEAR ALGEBRA Brown, John W.
		(Rest as in the main entry) O

Added Entry (Joint Author)

512.5 BRO		Sherbert, Donald R. Brown, John W.
		(Rest as in the main entry) O

Added Entry (Title)

512.5 BRO		Introductory linear algebra with applications. Brown, John W.
		(Rest as in the main entry) O

तीन प्रमुख लेखक (Three Personal Authors)–जब एक पुस्तक तीन लेखकों द्वारा लिखी होती है, तब मुख्य संलेख प्रथम लेखक

के अंतर्गत होता है तथा अन्य दो लेखकों को प्रमुख लेखकों में नहीं दिखाया जाता है। वर्धित संलेख (added entries) दूसरे तथा तीसरे लेखकों के लिए किया जाता है।

उदाहरण—

<table>
<tr><td>Introduction to Developmental Psychology

Robert K. Liberhan
(University of London)
Geeta Wicks – Nickson
(New Delhi, Institute of Technology)
Herbert K. Nail

(Erasmus University, Netherlands)
Prentice Hall, Englewood Cliffs, New Jersey</td></tr>
</table>

Other Information	
Call No.	: 155 LIB
Accession No.	: 3074
Pages	: XIX, 848
Year of Publication	: 1996
Size	: 28 cm
Edition	: 4th
ISBN	: 0-1848-1

इस पुस्तक में तीनों लेखकों को समान प्रतिष्ठा (status) दी गई है, अत: ऊपर दिए गए नियमानुसार इसका संलेख निम्न प्रकार होगा—

Main Entry

155 LIB		Liberhan, Robert K.
		Introduction to developmental psychology/Robert K Liberhan, Geeta Wicks-Nickson, Herbert K. Nail. -- 4th ed. -- I Englewood Cliffs, New Jersey:
3074		Prentice Hall, 1996 xix, 848p.; 28 cm ISBN 0-18481-1
		○　<u>Continued on next card.</u>

Main Entry (Continued)

<table>
<tr><td>155
LIB</td><td></td><td>Continued 1.
Liberhan, Robert K.</td></tr>
<tr><td></td><td></td><td>1. Psycology, Developmental I. Wicks-Neckson, Gita. II. Nail, Herbert K. III. Title

O</td></tr>
</table>

Added Entry (Subject)

<table>
<tr><td>155
LIB</td><td></td><td>PSYCHOLOGY, DEVELOPMENTAL
Liberhan, Robert K.</td></tr>
<tr><td></td><td></td><td>Introduction to developmental psychology.
(Rest in the main entry)

O</td></tr>
</table>

Added Entry (Second Author)

<table>
<tr><td>155
LIB</td><td></td><td>Wicks-Nickson, Geeta
Liberhan, Robert K.</td></tr>
<tr><td></td><td></td><td>Introduction to developmental psychology.
(Rest in the main entry)

O</td></tr>
</table>

Added Entry (Third Author)

<table>
<tr><td>155
LIB</td><td></td><td>Nail, Herbert K.
Liberhan, Robert K.</td></tr>
<tr><td></td><td></td><td>Introduction to developmental psychology.
(Rest in the main entry)

O</td></tr>
</table>

Added Entry (Title)

155 LIB		Introduction to developmental psychology Liberhan, Robert K.
		Introduction to developmental psychology. (Rest in the main entry) O

तीन लेखकों द्वारा लिखी गई पुस्तक के मामले में यदि प्रमुख दायित्व दिखाया गया है तो मुख्य संलेख (main entry) पुस्तक में संकेतिक मुख्य लेखक के नाम के अंतर्गत किया जाता है। किंतु संलेखों की संख्या तथा प्रकृति लगभग ऊपर दिए गए उदाहरण के समान होती है।

तीन से ज्यादा मुख्य लेखक (More than Three Authors) – यदि पुस्तक तीन से ज्यादा लेखकों द्वारा लिखित है तथा उसमें से किसी भी लेखक को मुख्य लेखक नहीं बताया गया है, तब मुख्य संलेख (main entry) 'शीर्षक' के अंतर्गत किया जाता है। वर्धित संलेख (added entry) में प्रथम लेखक ही संलेखित किया जाता है। प्रथम लेखक के नाम के आगे कोष्ठक में लोप '...' तथा 'और अन्य' (et al) लिखा जाता है। जब मुख्य संलेख का शीर्षक आख्या में बनाया जाता है तो शीर्षक अनुच्छेद की सत्ता काल्पनिक शीर्ष से न होकर द्वितीय शीर्ष से होती है जिसे निलंबी शीर्ष (hanging indention) कहते हैं।

उदाहरण–

Comparative Psychology

David K. Horton
Ronald B. Bailey
M. Biren Singh
K.K. Das
Michael Erickson

2001
Holt, Rinehalt and Winston
New York, Chicago, San Francisco

<table>
<tr><td colspan="2"><u>**Other Information**</u></td></tr>
<tr><td>Call No.</td><td>: 156 HOR</td></tr>
<tr><td>Accession No.</td><td>: 7793</td></tr>
<tr><td>Pages</td><td>: xx, 445</td></tr>
<tr><td>Year of Publication</td><td>: 2001</td></tr>
<tr><td>Size</td><td>: 30 cm.</td></tr>
<tr><td>ISBN</td><td>: NM</td></tr>
</table>

ऊपर दिए गए नियमानुसार, इस पुस्तक के लिए प्रविष्टियाँ (entries) निम्न प्रकार होंगी—

Main Entry

156 HOR	Comparative Psychology/David K.
7793	Horton...[et al.]. -- New York: Holt, Rinehart and Winston, 2001. xx, 445 p.; 30 cm. 1. Psychology. I. Hrton, David K. O

Added Entry (Subject)

156 HOR	PSYCHOLOGY Comparative Psychology/David K.
	(Rest in the main entry) O

Added Entry (Author)

156 HOR	Horton, David K. Comparative Psychology/David K. Horton.
	(Rest in the main entry) O

प्रश्न 5. संशोधित पुस्तकों का मुख्य संलेख किस प्रकार किया जाता है? उदाहरण सहित समझाइए।

उत्तर– संशोधित पुस्तकों का मुख्य संलेख (main entry) पुस्तक के शीर्षक के अंतर्गत किया जाता है। संवर्धित संलेख (added entries) मुख्य संशोधनकर्ता या प्रथम लिखित संशोधनकर्ता के अंतर्गत किया जाता है। प्रस्तुतिकरण (rendering) निलंबीशीर्ष के अंतर्गत होना चाहिए।

एकल संशोधनकर्ता (Single Editor)–यदि पुस्तक का केवल एक संशोधनकर्ता है तो प्रविष्टि निम्न प्रकार होगी–

उदाहरण–

<table>
<tr><td>

Handbook of Public Administration

Edited by

B. Guy Peters

London

Sage Publications

2003

</td></tr>
</table>

<table>
<tr><td colspan="2">

<u>Other Information</u>

</td></tr>
<tr><td>Call No.</td><td>: 351.22 HAN</td></tr>
<tr><td>Accession No.</td><td>: 64321</td></tr>
<tr><td>Year of Publication</td><td>: 2003</td></tr>
<tr><td>Page</td><td>: xiv, 640 p</td></tr>
<tr><td>Size</td><td>: 26 cm.</td></tr>
<tr><td>ISBN</td><td>: 0761972242</td></tr>
</table>

Main Entry

351.22 HAN	Handbook of Public Administration/edited
	by B. Guy Peters.-- London: Sage, 2003 xiv, 640 p; 26 cm. 1. Public Administration. I. Peters, B. Guys. O

Added Entry (Subject)

351.22 HAN	PUBLIC ADMINISTRATION Handbook of Public Administration/edited
	(Rest as in the main entry) ◯

एक से ज्यादा संशोधनकर्ता (More than One Editor)—जब पुस्तक एक से ज्यादा लोगों द्वारा संशोधित हो तब मुख्य संलेख पुस्तक के शीर्षक के अंतर्गत किया जाता है। विषय और दूसरे संशोधनकर्ताओं के लिए संवर्धित संलेख भी तैयार किया जाता है।

प्रश्न 6. समष्टि लेखक से आप क्या समझते हैं? इसका मुख्य संलेख किस प्रकार किया जाता है? उदाहरण सहित बताइए।

अथवा

समष्टि लेखक (ग्रंथकार) क्या है? इसके प्रकारों की परिगणना कीजिए। ए.ए.सी.आर. II आर. के अनुसार आप किस प्रकार इन्हें प्रसूचीकृत करेंगे? प्रत्येक का एक-एक उदाहरण दीजिए।

[दिसम्बर-2017 , प्र.सं.-3.2]

उत्तर– वर्तमान में व्यक्तिगत लेखकों की रचनाओं के अतिरिक्त ऐसी पुस्तकें भी प्रकाशित होती हैं, जिनमें किसी शासकीय विभाग, संस्था आदि का नाम लेखक के रूप में अंकित होता है। ऐसे लेखकों को समष्टि लेखक की श्रेणी में सम्मिलित किया जाता है।

डॉ. रंगनाथन के अनुसार, "जब पुस्तक में निहित विचारों तथा अभिव्यक्ति का संपूर्ण उत्तरदायित्व किसी निकाय अथवा किसी अंग पर होता है और किसी व्यक्ति या व्यक्तियों पर निजी रूप से नहीं होता है, जो उसके अंग होते हैं अथवा उसमें पदासीन रहते हैं अथवा अन्य किसी प्रकार से उससे संबंधित होते हैं, उसे समष्टि लेखक कहते हैं।"

ए.ए.सी.आर.-2 के अनुसार, "एक संगठन या व्यक्तियों का वह समूह, जो एक विशेष नाम से जाना जाता है तथा एक सत्ता के रूप में कार्य करता है अथवा कार्य कर सकता है। समष्टि निकायों की श्रेणियों के उदाहरण–संघ, संस्था, व्यापारिक फर्म, लाभ निरपेक्ष उद्यम, शासन, शासकीय संस्थाएँ, धार्मिक संस्थाएँ, स्थानीय चर्च एवं सम्मेलन आदि।"

जौली के अनुसार, "जब पुस्तक की विषय-वस्तु, अभिव्यक्ति या विचारों के लिए संस्था, संघ, शासन अथवा कोई अन्य समष्टि निकाय उत्तरदायी हो, न कि व्यक्तिगत लेखक, तो उस पुस्तक को समष्टि लेखकत्व कहा जाएगा।"

अत: ऐसी पुस्तक जो किसी समष्टि निकाय के कार्यकलापों का वर्णन करती है अथवा उसके सामूहिक विचारों की अभिव्यक्ति करती है, समष्टि लेखकत्व की श्रेणी में आती है। साधारणतया इस श्रेणी में प्रतिवेदन, नियम-सन्नियम, पाठ्य विवरण, कार्यवाही, कार्यवृत्त, कार्यवाहियाँ आदि को सम्मिलित किया जाता है।

समष्टि लेखक के प्रकार (Types of Corporate Author)–डॉ. रंगनाथन ने समष्टि लेखक को निम्न श्रेणी में विभाजित किया है–

(1) शासन (Government)–ऐसी पुस्तकें, जिनमें अभिव्यक्ति विचारों के लिए शासक अथवा उसका कोई अंग उत्तरदायी हो, को शासकीय प्रकाशन कहते हैं।

(2) संस्था (Institution)–शासन के समान ही संस्था भी समष्टि निकाय की एक श्रेणी है तथा उसके द्वारा रचित पुस्तकों को संस्था के नाम से ही जाना जाता है। संस्थागत प्रकाशनों में निहित विचारों के लिए संस्था उत्तरदायी होती है तथा उन प्रकाशनों के लेखक के रूप में जानी जाती है।

(3) सम्मेलन (Conference)–अनेक प्रकाशनों के लेखक सम्मेलन, सभाएँ, अधिवेशन आदि होते हैं। ऐसे प्रकाशनों में मुख्यतया उनकी कार्यवाही, कार्यवृत्त, प्रस्ताव, कार्यवाही आदि दिए रहते हैं।

समष्टि लेखकों के मुख्य संलेख के लिए भी लगभग सभी मूल नियम लागू होते हैं। किंतु हमें 'सीयर्स की विषय शीर्षकों की सूची' में से सही शीर्षक का चुनाव करना होता है। कुछ उदाहरण निम्नांकित हैं–

उदाहरण–

<table>
<tr><td colspan="2" align="center">

Seventh Five Year Plan

1985 – 1990
Mid – term Appraisal

Government of India
Planning Commission
Delhi

Manager, Government of India Press
1986

</td></tr>
</table>

<table>
<tr><td colspan="2">

Other Information

</td></tr>
<tr><td>Call No.</td><td>: 338.9 IND</td></tr>
<tr><td>Accession No.</td><td>: 7077</td></tr>
<tr><td>Size</td><td>: 28 cm</td></tr>
<tr><td>Page</td><td>: xi, 257</td></tr>
</table>

Main Entry

338.9 IND		
	India. Planning Commission.	
7077	Seventh Five Year Plan 1985 – 1990: mid-term appraisal. Delhi: Manager, Government of India Press, 1986 xi, 257p.; 28 cm 1. India – Economic Policy I. Title O	

Added Entry (Subject)

338.9 IND		INDIA–ECONOMIC POLICY
	India. Planning Commission.	
		Seventh Five Year Plan (Rest as in the main entry) O

Added Entry (Title)

338.9 IND		Seventh Five Year Plan, 1985-1990 mid-term appraisal India. Planning Commission.
		Seventh Five Year Plan (Rest as in the main entry) O

इस उदाहरण में भारत सरकार की योजना समिति प्रलेख के प्रकाशन के लिए जिम्मेदार है। इसलिए इसकी प्रविष्टि में देश का नाम (भारत) पहले आया है। जब समष्टि निकायों (corporate bodies) में संगठन का पदानुक्रम (hierarchies) दिया होता है तब संलेख या प्रविष्टि पदानुक्रम के अनुसार की जाती है।

भारत (India)

नियोजन मंत्रालय (Ministry of Planning)

केंद्रीय सांख्यिकीय संगठन (Central Statistical Organisation)

समितियाँ और आयोग (Committees and Commissions)—एक सरकार की समितियों और आयोगों द्वारा प्रकाशित प्रलेखों की प्रवृष्टि या संलेख उस समिति या आयोग के नाम के अंतर्गत या सरकार के अधिकरण निकायों के अंतर्गत की जाती है। संवर्धित संलेख शीर्षक, विषय और अध्यक्ष (अगर कोई हो) के लिए किया जाता है।

उदाहरण—

Report of the Assessment Committee on Adult Education **Ministry of Education, Government of India** **New Delhi, Manager of Publications 1993**

<table>
<tr><td colspan="2"><u>Other Information</u></td></tr>
<tr><td>Call No.</td><td>: 374.7 N93</td></tr>
<tr><td>Accession No.</td><td>: 1113</td></tr>
<tr><td>Pages</td><td>: v, 705p</td></tr>
<tr><td>Size</td><td>: 28 cm</td></tr>
</table>

Main Entry

374.7 N93		India. Assessment Committee on Adult
1113		Education Report-Government of India.-New Delhi: Manager of Publications, 1993. v, 705p.; 28 cm. 1. Education, Elementary I. Title O

Added Entry (Subject)

374.7 N93		EDUCATION, ELEMENTARY India. Assessment Committee on Adult
		Education (Rest as in the main entry) O

Added Entry (Title)

374.7 N93		Report of the Assessment Committee on Adult Education India. Assessment Committee on Adult
		Education (Rest as in the main entry) O

संस्थान (Institutions)—संस्थान के अंतर्गत अंतर्राष्ट्रीय, राष्ट्रीय, क्षेत्रीय या स्थानीय स्तर के संगठन, संघ, समाज आदि आते हैं। इनके द्वारा प्रकाशित दस्तावेजों की प्रवृष्टि उनके नाम के अंतर्गत होती है।

उदाहरण—

Institute for Telecommunication Sciences

A User's Manual for Optical Waveguide Communications

Info Gatekeepers
Boston

<u>**Other Information**</u>

Call No.	: 537.534/INS
Accession No.	: 4087
Pages	: 287
Size	: 23 cm.
Note	: It is published under the series: Users Manual and Handbook Series, Vol. 1.

Main Entry

537.534 INS	Institute for Telecommunication Sciences.
4087	A user's manual for optical waveguide communications. - Boston: Info-Gatekeeper, 1978. 287p.; 23 cm.-(User manual and handbook series; v.1) 1. Electromagnetic waves. I. Title. II. Series. O

Added Entry (Subject)

537·534 INS		ELECTROMAGNETIC WAVES Institute for Telecommunication Science
		A user's manual for optical waveguide communications. (Rest as in the main entry) O

Added Entry (Title)

537·534 INS		A user's manual for optical waveguide communications Institute for Telecommunication Sciences.
		A user's manual for optical waveguide communications. (Rest as in the main entry) O

Added Entry (Series)

537·534 INS		User manual and handbook series; v. 1. Institute for Telecommunication Sciences.
		A user's manual for optical waveguide communications. (Rest as in the main entry) O

प्रश्न 7. सम्मेलन, सेमीनार, कार्यशाला, संगोष्ठी (symposia) आदि की कार्यवाहियों की प्रविष्टि किस प्रकार की जाती है। संक्षिप्त में उदाहरण की सहायता से समझाइए।

उत्तर– सम्मेलन, सेमीनार, कार्यशाला, संगोष्ठी आदि की कार्यवाहियों की प्रविष्टि कोष्ठक में दिए गए वृत्तांत तथा संख्या, वर्ष, स्थान के नाम के अंतर्गत की जाती है।

उदाहरण–

<table>
<tr><td>

**Proceedings of the Symposium
On
Subject Bibliographies**

**Held at Imphal, India
3 – 4 January, 2009**

**Centre for Bibliographic Studies
Imphal
March, 2009**

</td></tr>
</table>

<table>
<tr><td>

<u>Other Information</u>

Call No.	: 016 SYM
Accession No.	: 7120
Pages	: v, 126
Size	: 24 cm

</td></tr>
</table>

Main Entry

016 SYM	Symposium on Subject Bibliographies (2009
	Imphal) Proceedings of the Symposium on subject bibliographies, held at Imphal, 3 – 4 Jan. 2009/ Centre for Bibliographic Studies. – Imphal : Centre for Bibliographic Studies, 2009.

7120	v. 126p.;
	          1. Bibliography, subject. I. Centre for Bibliographic Studies. II. Title
	
	                           O

Added Entry (Subject)

016 SYM	BIBLIOGRAPHY - SUBJECT Symposium on Subject Bibliographies
	(2009 Imphal) (Rest as in the main entry) ○

Added Entry (Institution)

016 SYM	Centre for Bibliographic Studies Symposium on Subject Bibliographies
	(2009 Imphal) (Rest as in the main entry) ○

प्रश्न 8. क्रमिक पत्रिकाओं का प्रसूचीकरण किस प्रकार किया जाता है? उदाहरण सहित बताइए।

उत्तर– क्रमिक पत्रिका वह प्रकाशन होते हैं जो उत्तरवर्ती (successive) भाग में तथा संगत संख्या (corresponding number) में आते हैं। यह निरंतर आते रहते हैं। कभी-कभी इन्हें सामयिकी, पत्रिका या मैग्जीन कहा जाता है। क्रमिक पत्रिकाओं के ग्रंथात्मक विवरण में प्राय: निम्नलिखित को संकलित किया जाता है–

(क) शीर्षक एवं दायित्व क्षेत्र का कथन

(ख) संस्करण क्षेत्र

(ग) संख्यात्मक तथा वर्णानुक्रमक या कालक्रमानुसार या अन्य पदनाम क्षेत्र

(घ) प्रकाशन/वितरण क्षेत्र

(ङ) ग्रंथमाला क्षेत्र

(च) टिप्पणी क्षेत्र

(छ) मानक संख्या तथा

(ज) उपलब्धता शर्त क्षेत्र

उदाहरण–

**Environmental and Waste
Management World
Vol 10 No. 1 1950
Editor Suzane Bustad
Specialty Technical Publishers Inc
Vancouver, B.C. V6J 2G2, Canada**

Other Information

Class no.	: 604.7
First issue published in	: 1941
Frequency	: 10 in a year
ISSN	: 0835-3778
Library lacks volumes	: 1-10

Main Entry

604.7	Environmental and Waste Management World.
	Vol. 1, no. 1(1941)--. -- Vancouver: Speciality Technical Publishers Inc, 1941 -- 26 cm. Six issues a year Library has v.11 (1951) -- Continued on next card

Main Entry (Continued)

604.7		Continued 1. Environmental and Waste Management World. ISSN 0835-3778 1. Environment-Periodicals. I. Speciality Technical Publishers Inc.
		O

बाद के संवर्धित संलेख तद्नुसार किए जा सकते हैं।

प्रश्न 9. गैर-पुस्तकीय सामग्री (Non-basic material) से क्या तात्पर्य है? इसके प्रसूचीकरण को उदाहरण सहित समझाइए।

उत्तर– पुस्तकालय वह स्थान है जहाँ विविध प्रकार के ज्ञान, सूचनाओं, स्रोतों, सेवाओं आदि का संग्रह रहता है। इसमें पुस्तकीय सामग्री के साथ-साथ गैर-पुस्तकीय सामग्री की उपलब्धता भी विद्यमान रहती है। गैर-पुस्तकीय सामग्री को अग्रंथीय सामग्री के नाम से भी जाना जाता है।

गैर-पुस्तकीय सामग्री में शामिल हैं–मानचित्र, ग्लोब, ग्रामोफोन अभिलेख, लॉग टेबल्स, स्लाइड्स, टेप्स, फोटोग्राफ, चार्ट, श्रव्य-दृश्य सहायक सामग्री, वीडियो रिकॉर्डिंग्स, इलेक्ट्रॉनिक सूचनाएँ आदि।

इस प्रकार की सामग्रियों के प्रसूचीकरण के लिए AACR-2R ने कुछ विशेष नियम उपलब्ध कराए हैं। कार्टोग्राफिक सामग्रियाँ, ध्वनि रिकॉर्डिंग, मोशन फिल्म, वीडियो रिकॉर्डिंग्स इत्यादि गैर-पुस्तकीय सामग्रियाँ हैं जो विभिन्न पुस्तकालयों में उपलब्ध रहती हैं।

कार्टोग्राफिक सामग्रियों के ग्रंथपरक विवरण नीचे प्रारूप पत्रक (skeleton card) में दिए हुए हैं–

Card No. 11

Call no.		
	Creator of the item	
		Title [GMD] = Parallel title : Other title information/1st statement of responsibility; each subsequent statement of responsibility.-- Edition statement/1st statement of responsibility.- Statement of scales; Statement of projection. -- 1st place of publication, distribution etc: 1st O <u>Continued on next card</u>

Card No. 12

Call no.		Continued 1.
	Creator of the item	

	publisher, distributor etc. date of publication etc.
	    Extent of item: other physical details, dimensions + accompanying materials. -- (series)
	    Notes
	    Standard number and terms of availability
	    Tracing O	

School Atlas

Global Publication

Imphal
2008

Other Information

Call No.	: 912 IND
Page	: iii, 85
Size	: 28 cm
Contents	: 57 colour maps
Acc. No.	: 3345
Edition	: 1st
Scales	: Varied

Main Entry

912 IND		School atlas [map]. – 1st ed. – Scales
3345	28 cm.	Vary. – Imphal: Global publication, 2008 1 atlas (iii, 85 p.): 57 col.maps; Audience: School children 1. World-Atlas. I. Title O

Added Entry (Subject)

912 IND		WORLD ATLAS School atlas...
		(Rest as in the main entry) O

Added Entry (Title)

912 IND		School atlas School atlas...
		(Rest as in the main entry) O

Mozart

Masterpiece Classical
Midas
Delhi
1987

<u>Other Information</u>

Call No.   : 782.1073 MOZ
Acc. No.   : 2357
Contents   : Four movements by different singers.

It is a 60 minute audio cassette with 2 tracks.

Main Entry

782.1073 MOZ	Mozart
	Masterpiece classical [sound recording]/Mozart. – Delhi: Midas 1987. 1 Cassette (60 min.): analogue, 2 track Contents: Four movements 1. Musicals. I. Title O

इसी प्रकार संवर्धित संलेख (added entries) निम्न के लिए बनाया जा सकता है–

(क) संगीत (musicals)

(ख) उत्कृष्ट कृति (masterpiece classical)

The Perfect

[Motion Picture]
Chopra Production
Pankaj Film Distributors, 1993
Credits:
Producer-Ramesh Sehgal
Music-Abid Noshad
Film Editor-Johan Bloomberg

Other Information

Call No.   : 694.092   N93
Acc. No.   : 5687

B & W 75 mm ?le of 80 minutes

It is based on the Novel The Perfect by Johan Heed.

Main Entry

M N93	Chopra Production	
		The Perfect [Motion picture]/Chopra Production: Pankaj Film Distributors, 1993. 1. Film reel (80min.) b & w; 75mm. Credits: Producer–Rajkumar Chopra; Director – Ramesh Sehgal; Music – Abid Noshad; Editor – Johan O <u>Continued on next card</u>

Main Entry (Continued)

M N93	Chopra Production	Continued 1.
		Based on the novel The Perfect by Johan Heed 1. Carpentry I. Title O

जैसा कि AACR-2R ने बताया है कि यहाँ b & w का अर्थ है black & white फिल्म।

विषय तथा शीर्षक के लिए अन्य संवर्धित संलेख तदनुसार बनाए जाते हैं।

प्रश्न 10. धार्मिक पुस्तकों (sacred books) तथा शास्त्रों (scriptures) के प्रसूचीकरण को उदाहरण सहित बताइए।

उत्तर– साधारणत: धार्मिक पुस्तकों तथा शास्त्रों का संलेख एकरूप शीर्षक (uniform title) के अंतर्गत किया जाता है। एकरूप शीर्षक के अंत में पुस्तक की भाषा को जोड़ा जाता है।

उदाहरण–

The Holy Bible

Containing old and new testaments

Translated from original tongue by Thomas Green

Nelson & Sons
London
1960

<u>Other Information</u>

Call No.	: Q6:2 Ko
Page	: 1296
Size	: 24 cm
Acc. No.	: 17297

Main Entry

Q6:2 Ko	Bible, English.
	Holy Bible: containing old and new testaments; translated from the original tongues by Thomas Green.–London: Nelosn, 1960 1296p.; 24 cm. I. Green, Thomas. O

Added Entry (Collaborator)

Q6:2 Ko		Green, Thomas. Bible, English.
		(Rest in the main entry) ○

Shrimad Bhagavad Gita

Translated from Sanskrit by Juan Mascaro

Penguin Books

Hermondsworth

1962

<u>Other Information</u>

Call No.	: R66,6 K2
Page	: 122
Size	: 22 cm
Acc. No.	: 24739

Main Entry

R66,6 K2		Mahabharat, Bhagavadgita, English.
		Srimad Bhagavadgita; translated from Sanskrit by Juan Mascaro.– Hardmondworth: Penguin, 1962. 122p.; 22 cm. I. Mascaro, Jaun ○

टिप्पणी–श्रीमद्भगवद्गीता महाभारत का एक अंग है। इसलिए श्रीमद्भगवद्गीता के लिए एकरूप शीर्षक महाभारत का प्रयोग किया जाता है।

Added Entry (Collaborator)

R66,6 K2		Mascaro, Jaun Mahabharat, Bhagavadgita, English.
		(Rest as in the main entry) O

Reference Entry (Title to Uniform Title)

		Bhagavad gita
	English.	See Mahabharat. Bhagavadgita O

Anvarul Quran
Qadsam' i-allah translated with Tamil
commentary by

E.M Abdul Rahaman.

Kootanallur

Adam trust

1960

<table>
<tr><td colspan="2"><u>**Other Information**</u></td></tr>
<tr><td>Call No.</td><td>: Q7   Ko</td></tr>
<tr><td>Page</td><td>: 205</td></tr>
<tr><td>Size</td><td>: 24 cm</td></tr>
<tr><td>Acc. No.</td><td>: 57695</td></tr>
</table>

Main Entry

Q7: 2 Ko		Koran. English.
		Anvarul Quran: Qadasami' i-allah; translated with Tamil commentary by E.M. Abdul Rahaman. – Kootanallur: Adam trust, 1960. 205p; 24 cm. I. Abdul Rahaman, E.M. II. Title. O

Added Entry (Collaborator)

Q7: 2 Ko		Abdul Rahaman, E.M. Koran. English.
		(Rest as in the main entry). O

Added Entry (Title)

Q7: 2 Ko		Anavarul Quran Koran. English.
		(Rest as in the main entry). O

Reference Entry

	Quran	
		<u>See</u> Koran O

विद्यार्थीगण **GPH** की पुस्तकें क्यों चुनते हैं?

विश्वविद्यालयों/परीक्षा बोर्डों/संस्थानों द्वारा निर्धारित पाठ्यक्रमों का पूर्ण समावेश।

आसानी से समझी जा सकने वाली भाषा तथा प्रारूप (फॉर्मेट) जिससे विद्यार्थियों को थोड़े समय में परीक्षा की तैयारी करने में सहायता मिलती है।

हमारी पुस्तकें परीक्षा को ध्यान में रखकर प्रश्न-उत्तर शैली में तैयार की जाती हैं जिससे विद्यार्थीगण सही उत्तर को तुरंत समझ पाते हैं।

पिछले वर्षों के प्रश्न-पत्रों को हल करके शामिल किया जाता है ताकि विद्यार्थीगण को परीक्षा के उस खास ढाँचे को समझने में सहायता मिल सके और वे परीक्षा की तैयारी बेहतर ढंग से कर सकें।

दोनों छमाहियों (जून-दिसम्बर) के प्रश्न-पत्रों को हल करके पुस्तक में शामिल किया जाता है।

आँकड़ों में जब भी कोई परिवर्तन होता है तो उसे अपडेट कर दिया जाता है।

पुनरावृत्त (रिसाइकल किए गए) कागज का प्रयोग।

सुविधाजनक आकार तथा उचित मूल्य।

अपने सामाजिक दायित्वों के अनुरूप हम बेची गई प्रत्येक पुस्तक से समाज/संस्थाओं/एन.जी.ओ./वंचितों को सहयोग देते हैं।

व्यवस्थापन नियम
(Filing Rules)

प्रत्येक प्रसूचीकृत प्रलेख के लिए एक मुख्य संलेख, तथा कुछ इतर संलेख हो सकते हैं। पुस्तकालय के संग्रह में जुड़ने वाले प्रलेखों के लिए आवश्यक संलेख बनाए जाते हैं। प्रसूची का कोई सा भी भौतिक स्वरूप हो, प्रसूची में संलेखों को तर्क संगत एवं सहायक अनुक्रम में व्यवस्थित या फाइल किया जाता है।

प्रसूची संलेखों को उनके अभिगम बिंदुओं से व्यवस्थित किया जाता है। अभिगम बिंदु या तो वर्णानुक्रमिक शब्द अथवा अंकन (वर्ग संख्या अथवा आह्वान संख्या) होते हैं। अर्थात् वर्णानुक्रमिक संलेख एवं वर्गीकृत संलेख होंगे। कभी-कभी कुछ अन्य गुण एवं प्रतीक भी एक व्यक्ति के नाम अथवा एक पुस्तक की आख्या के भाग अथवा स्थानापन्न के रूप में हो सकते हैं।

संख्याओं तथा वर्ण के अक्षरों से अच्छी तरह परिचित होने के कारण वर्णानुक्रमिक संलेखों एवं वर्गीकृत संलेखों में संख्या तथा वर्ण के अक्षरों को व्यवस्थित किया जाना आसान लगता है। लेकिन वास्तविक अभ्यास में मार्गदर्शक सिद्धांतों के अभाव में कई समस्याओं का सामना करना पड़ता है। अमेरिकन लाइब्रेरी एसोसिएशन (ए.एल.ए.), लाइब्रेरी ऑफ कांग्रेस (एल.सी.) एवं कुछ अन्य संस्थाओं ने व्यवस्थापन या फाइलिंग हेतु नियम प्रतिपादित किए हैं। कुछ ने नियमों को प्रसूची संहिताओं में दिया है। रंगनाथन ने भी अपनी वर्गीकृत प्रसूची संहिता में व्यवस्थापन के नियम प्रतिपादित किए हैं।

प्रश्न 1. व्यवस्थापन (filing) से आप क्या समझते हैं? इसके अर्थ एवं उद्देश्य को समझाइए।

उत्तर– "प्रत्येक वस्तु के लिए एक स्थान एवं प्रत्येक वस्तु अपने स्थान पर" एक पुरानी कहावत है। हमारे जीवन की दिनचर्या में इस उक्ति की उपयोगिता से हम अवगत हैं। अगर हमारे घर अथवा ऑफिस की प्रत्येक वस्तु अपने स्थान पर व्यवस्थित नहीं है, तो इससे पूर्ण रूप से अव्यवस्था तथा अस्तव्यस्तता उत्पन्न होती है। हम सामान्यतया वस्तुओं के लिए एक सुनिश्चित स्थान प्रदान करते हैं। अगर हम किसी एक कारण अथवा अन्य कारणों से वस्तुओं को एक ढेर के रूप में रखते हैं तो उनमें से किसी वस्तु विशेष की आवश्यकता होने पर, ढूँढ़ने में काफी कठिनाई होगी। इसलिए वस्तुओं को सही जगह पर रखने की आवश्यकता पड़ती है।

अर्थ एवं उद्देश्य–समान वस्तुओं को एक क्रम में व्यवस्थित क्रम प्रदान करते समय हम अपनी प्रतिदिन की दिनचर्या में व्यवस्थापन शब्द का उपयोग करते हैं–उदाहरणार्थ एक विषय पर लेखों का व्यवस्थापन। वेबस्टर डिक्शनरी, व्यवस्थापन को इस प्रकार परिभाषित करती है, "संरक्षण अथवा संदर्भ के लिए क्रम में व्यवस्थित करना।" हंटर एवं बैकेवेल ने प्रसूचीकरण से संबंधित अपनी पुस्तक में एक 'फाइल' को इस प्रकार परिभाषित किया है, "एक इकाई के रूप में प्रस्तुत, संबद्ध एवं प्राय: समान रूप से निर्मित आलेखों का एक संग्रह", उदाहरणार्थ पुस्तकालय की प्रसूची।

व्यवस्थापन प्रत्येक वस्तु के लिए एक स्थान निश्चित करने में सहायता प्रदान करता है तथा उनको एक क्रम में लाने में भी सहायता देता है। इस प्रकार व्यवस्थापन दोनों उद्देश्यों – परिरक्षण एवं तर्कसंगत अभिगम के द्वारा सुरक्षित वस्तुओं के त्वरित उपयोग – को पूरा करता है। वैज्ञानिक विधि द्वारा व्यवस्थित किए जाने पर यह संग्रह के उपयोग में समय बचाता है तथा इससे संबंधित वस्तुओं को एक साथ पास में लाता है।

प्रश्न 2. प्रसूची प्रलेखों के व्यवस्थापन की क्या आवश्यकता है? संक्षेप में बताइए।

उत्तर– प्रसूची (catalogue) शब्द ग्रीक वाक्य खंड "कैटा" (Kata) तथा "लोगोस" (Logos) से निर्मित हुआ है। "कैटा" का अर्थ

"द्वारा" अथवा "के अनुसार" है तथा "लोगोस" के विभिन्न अर्थ जैसे "शब्द" अथवा "क्रम" अथवा "कारण" हैं। इस प्रकार प्रसूची की यह परिभाषा किसी निश्चित योजना के अनुसार पर संलेखों के व्यवस्थापन का संकेत देती है। इसलिए एक प्रसूची में संलेखों के व्यवस्थापन का महत्त्वपूर्ण स्थान है।

प्रसूची का कोई भी भौतिक अथवा आंतरिक स्वरूप हो, प्रसूची में संलेखों को निश्चित योजना के अनुसार व्यवस्थित किया जाता है। अर्थात् संलेखों का व्यवस्थापन निश्चित सिद्धांतों पर आधारित हो, यह अनिवार्य है। प्रसूची में संलेखों के व्यवस्थापन की एक अच्छी प्रणाली—

(1) व्यवस्थापन कार्य करने वाले व्यक्तियों के समय की बचत करेगी,

(2) संबंधित संलेखों को एक स्थान पर लाएगी,

(3) उन मदों को बताएगी जिनके विषय में उपयोक्ता खोजते समय नहीं जानता है एवं

(4) व्यवस्थापन विधि की तर्कसंगतता से परिचित होने पर प्रसूची को आसानी से व्यवहार कुशल बनाएगी एवं इसका संचालन करवाने में सहायता करेगी।

एक संलेख का गलत व्यवस्थापन संलेख के खोने के समान है तथा उपयोक्ता संलेख में प्रदत्त सूचनाओं से वंचित रह सकता है। उपयोक्ता सोच सकता है कि वह प्रलेख पुस्तकालय में उपलब्ध नहीं है।

प्रश्न 3. व्यवस्थापन प्रक्रिया को समझाइए।

उत्तर— पुस्तकालय में पुस्तकों को अर्जित करने एवं परिग्रहण रजिस्टर में दर्ज करने के पश्चात् हम उनका वर्गीकरण एवं प्रसूचीकरण करते हैं। पुस्तकों का प्रसूचीकरण करने के पश्चात् उनके संलेखों को प्रसूची में व्यवस्थित किया जाता है। आधुनिक समय में पुस्तकालयों में साधारणतया पत्रक प्रसूची बनाई जाती है, इसलिए पत्रक पर बने संलेखों को पुस्तकालय की पत्रक प्रसूची में सही स्थान पर व्यवस्थित किया जाना चाहिए।

सामान्य शब्दों में हम कह सकते हैं कि पुस्तकों के प्रसूचीकरण के पश्चात् उनके संलेखों को तुरंत व्यवस्थित कर देना चाहिए। लेकिन

वास्तविक अभ्यास में कुछ पुस्तकों के संलेख बनाने के बाद संलेखों को व्यवस्थित करते हैं। प्रत्येक पुस्तक के संलेखों का व्यवस्थापन अलग-अलग समय पर करने से समय तथा परिश्रम का अपव्यय होगा। संलेख पत्रकों के पर्याप्त संख्या जमा होने पर सप्ताह में एक या दो बार व्यवस्थापन का कार्य किया जा सकता है। नई पुस्तकों को तब तक प्रदर्शन के लिए विलंबित रखा जा सकता है, जब तक कि उनका व्यवस्थापन पुस्तकालय प्रसूची में नहीं हो जाता।

संलेखों का व्यवस्थापन–व्यवस्थापन की वास्तविक प्रक्रिया एकत्रित पत्रकों की पर्याप्त संख्या से प्रारंभ हो जाती है।

आरंभिक व्यवस्थापन–आरंभिक व्यवस्थापन में हम पत्रक छाँटते हैं। अगर लेखक आख्या तथा विषय संलेखों को एक अनुक्रम में एक अनुवर्ण प्रसूची में पुस्तकालय रख-रखाव कर रहा है, तो हम केवल शेल्फ सूची पत्रकों को अलग करते हैं। अगर लेखक, आख्या तथा विषय के लिए अलग क्रम रखा हुआ है, तब हम उनको वैयक्तिक रूप से निधानी सूची पत्रकों से अलग रखते हैं। इतर संलेखों को आख्या अनुक्रम में व्यवस्थित किया जाता है।

रंगनाथन कृत सी.सी.सी. के अनुसार, वर्गीकृत प्रसूची में वर्गीकृत संलेखों एवं वर्णानुक्रमिक संलेखों को आरंभिक व्यवस्थापन के समय अलग कर दिया जाता है।

अंतिम व्यवस्थापन–संलेखों का अंतिम व्यवस्थापन पुस्तकालय के द्वारा अपनाए गए नियमों के अनुसार किया जाएगा। जैसा कि हमने पूर्व के अनुभागों में देखा है कि कुछ प्रसूची संहिताओं ने व्यवस्थापन के नियम दिए हैं। पुस्तकालय, संलेखों के व्यवस्थापन के लिए किसी एक मानक व्यवस्थापन नियमों को उपयोग कर सकते हैं। किसी भी प्रकार का सूक्ष्म परिवर्तन अथवा चलन जो पुस्तकालय की आवश्यकता के लिए अनुकूल है तो त्वरित संदर्भ (तुरंत कार्य हेतु) हेतु "अर्थॉरिटी फाइल" में इसका उल्लेख किया जाता है।

प्रश्न 4. रंगनाथन कृत सी.सी.सी. के अनुसार व्यवस्थापन नियम की चर्चा कीजिए।

उत्तर– वर्गीकृत संलेखों से हमारा तात्पर्य उन संलेखों से है जो अंकन पर आधारित होते हैं, जैसे वर्ग संख्या एवं आह्वान संख्या संलेख।

विषय प्रसूची एवं वर्णानुक्रम - वर्गीकृत प्रसूची दोनों ही को वर्गीकृत प्रसूची के नाम से भी जाना जाता है। रंगनाथन ने वर्गीकृत प्रसूची को इस प्रकार परिभाषित किया है, 'ऐसी प्रसूची जिसमें कुछ अंक-संलेख तथा कुछ शब्द-संलेख होते हैं, वर्गीकृत प्रसूची है।"

वर्गीकरण की एक सरल पद्धति जैसे 'ड्यूई डेसिमल क्लैसिफिकेशन' के उपयोग किए जाने की स्थिति में अंक संलेखों से व्यवस्थापन में सुविधा होगी। इन अंकों तथा उनके अनुक्रम मूल्य से हम परिचित हैं, अत: व्यवस्थापन करना सरल है। उदाहरणार्थ, 030, 360, 130, 505, 330, 720 इत्यादि संख्याओं का व्यवस्थापन करना हो तो हम इनको एक क्रम में इस प्रकार व्यवस्थित करते हैं–

030

130

330

360

505

720

इसी प्रकार जब शुद्ध अंकन की वर्ग संख्याएँ वर्णाक्षरों जैसे ABCD इत्यादि पर आधारित हैं, हम इनको वर्णानुक्रम क्रम में आसानी से व्यवस्थित कर सकते हैं–

AAC

AAH

AAL

ABC

ABG

ABK

ACD

ACM तथा अन्य।

जब दोनों - वर्णाक्षरों तथा अंकों को मिश्रित अंकन में प्रयुक्त किया जाता है, तो उनके व्यवस्थापन के लिए कुछ मार्ग-दर्शन की आवश्यकता होती है कि अक्षरों को पहले लिया जाना चाहिए या अंकों को। अगर रोमन कैपिटल तथा स्मॉल अक्षरों के उपयोग के साथ अरबी एवं रोमन

अंकों को मिश्रित कर दिया जाए तब वरीयता अनुक्रम हेतु कुछ मार्ग-दर्शक सिद्धांतों की पुन: आवश्यकता पड़ती है।

अगर प्रतीक एवं संप्रतीक जैसे– " " & ; : इत्यादि का प्रयोग संकेत - अंक के रूप में होता है तो व्यवस्थापन बहुत जटिल हो जाता है।

रंगनाथन ने अपनी सी.सी.सी. के अध्याय EG में संलेखों के व्यवस्थापन के नियम दिए हैं, जिनका अनुसरण वर्गीकृत भाग में संलेखों के व्यवस्थापन के समय किया जाता है। उनमें से कुछ नियमों को नीचे उद्धृत किया गया है।

EG 1 "वर्गीकृत भाग में संलेखों का व्यवस्थापन संबंधित अग्र अनुच्छेद में दिए गए वर्ग संख्या के अनुसार होता है।"

EG 21 "जिन संलेखों के संबंधित अग्र अनुच्छेद में समान वर्ग संख्या हो तो उनमें से उन संलेखों को पहले रखा जाता है जिनमें एक या अधिक पुस्तक संख्या अंकित है।"

EG 22 "संबंधित अग्र अनुच्छेद में अंकित पुस्तक संख्या वाले संलेख उनकी पुस्तक संख्या के आधार पर व्यवस्थित होते हैं।"

EG 24 "संबंधित अग्र अनुच्छेद में समान वर्ग संख्या के साथ समान पुस्तक संख्या वाले संलेखों को सतत् संलेखों के एक अनुक्रम में मानकर उनका व्यवस्थापन उनके संख्यात्मक अनुक्रम में किया जाएगा।"

EG 31 "संबंधित अग्र अनुच्छेद में समान वर्ग संख्या एवं बिना ग्रंथ संख्या वाले संलेखों का व्यवस्थापन संबंधित संलेखों के तृतीय अनुच्छेद में दी गई पुस्तक संख्या, अगर कोई है, के अनुसार होता है।"

EG 32 "उपर्युक्त नियम EG 31 के अंतर्गत आने वाले संलेख जिनके तृतीय अनुच्छेद में समान ग्रंथ संख्या है तो उनका व्यवस्थापन उनके तृतीय अनुच्छेद में प्रयुक्त वर्ग संख्या के अनुसार होता है।"

उपर्युक्त नियमों के कथन बिल्कुल स्पष्ट हैं। सी.सी.सी. के अनुसार हम संलेखों को अग्र अनुच्छेद में प्रयुक्त वर्ग संख्या के अनुसार व्यवस्थित करते हैं। अगर दो संलेख एक जैसे हों, लेकिन जब एक संलेख में पुस्तक संख्या हो तथा दूसरे संलेख में नहीं हो तो पुस्तक संख्या वाला संलेख पहले व्यवस्थित होता है। संलेखों में से पुस्तक

संख्या वाले संलेखों का व्यवस्थापन उनकी पुस्तक संख्या के अनुसार होगा। उन संलेखों से लिए जिनके अग्र अनुच्छेद में समान वर्ग संख्या बिना पुस्तक संख्या के है, हम उनको उनके तृतीय अनुच्छेद में प्रयुक्त पुस्तक संख्या से ही व्यवस्थित करेंगे। अगर सभी संख्याएँ समान हैं तो संलेखों का व्यवस्थापन उनके संख्यात्मक अनुक्रम के अनुसार किया जाना चाहिए।

रंगनाथन का वर्णानुक्रमण सिद्धांत (Ranganathan's Alphabetisation Principles)—रंगनाथन ने 'सी.सी.सी.' के अध्ययन EH में पुस्तकालय प्रसूची की वर्गीकृत प्रसूची के वर्णानुक्रमिक भाग के संलेख व्यवस्थापन के नियम दिए हैं। रंगनाथन के व्यवस्थापन को एक शब्दकोश में वर्णानुक्रमिक व्यवस्थापन के अनुसार करने का सुझाव देते हैं तथा 'कुछ से पूर्व कुछ नहीं' सिद्धांत को महत्त्व नहीं देते हैं। इसके बदले वे अंकों, अक्षरों तथा प्रतीकों की क्रमसूचक श्रेणी (सूचक मूल्य) के आरोही क्रम को महत्त्व देते हैं।

नियम EH 70 उल्लेख करता है—

"निम्नलिखित मदों की क्रमसूचक श्रेणी (सूचक मूल्य) के आरोही क्रम को वर्णानुक्रमिक भाग में संलेखों के व्यवस्थापन के समय ध्यान में रखा जाए।"

(1) अनुच्छेद स्थान,

(2) पूर्ण विराम,

(3) अल्प विराम,

(4) अंकों का प्राकृतिक क्रम,

(5) कोष्ठक,

(6) रोमन शब्द,

(7) इटैलिक शब्द अथवा रेखांकित शब्द,

(8) शब्द 'एंड' अथवा इसका स्थानापन्न सेमीकोलन, एवं

(9) इत्यादि।

'सी.सी.सी.' के अन्य महत्त्वपूर्ण नियम इस प्रकार है—

EH 2 "वर्णानुक्रमिक व्यवस्थापन में प्रारंभिक उपपदों को महत्त्व नहीं देते हैं।"

EH 31 "जर्मन शब्दों की वर्तनी में स्वर वर्ण 'a', 'u', 'o' आते हैं तो उनका व्यवस्थापन उनकी वर्तनी a, u एवं o के अनुसार क्रम से किया जाए।" ऐसे स्वरों को अभिश्रुति से जाना जाता है।"

EH 4 "स्कॉटिश नाम में उपसर्ग Mac तथा इसके सूक्ष्म रूप जैसे Mc तथा M को इनकी स्पष्ट वर्णानुक्रम रचना के अनुसार व्यवस्थित किया जाता है।"

EH 5 "St तथा Ste से शुरू होने वाले नामों का व्यवस्थापन उनकी स्पष्ट वर्णानुक्रम रचना जैसे EH 4 में उल्लेख किया गया है के अनुसार किया जाता है।"

EH 6 "स्कॉटिश अथवा आयरिश नाम में उच्च अल्पविराम की उपेक्षा की जाती है।"

प्रश्न 5. ए.एल.ए. व्यवस्थापन के कुछ महत्त्वपूर्ण नियमों का उल्लेख कीजिए।

उत्तर– ए.एल.ए. व्यवस्थापन के कुछ महत्त्वपूर्ण नियम निम्नलिखित हैं–
[नियम संख्या क्रम में नहीं है क्योंकि यहाँ पर केवल मुख्य नियम दिए गए हैं।]

(1) मुख्य नियम

- **वर्ण–**"अंग्रेजी एवं विदेशी दोनों भाषाओं के सभी संलेखों को अंग्रेजी वर्णक्रम के अनुसार व्यवस्थित करें।"

- **शब्दशः–**"शब्द प्रति शब्द तथा शब्द में अक्षर प्रति अक्षर वर्णानुक्रम में करते हुए व्यवस्थित करें। प्रथम रेखा के प्रथम शब्द से शुरू करते हुए आगामी अन्य शब्द इत्यादि पर जाएँ। 'कुछ से पूर्व कुछ नहीं' सिद्धांत का उपयोग करते हुए शब्दों के मध्य के स्थान को 'कुछ नहीं' मानते हुए व्यवस्थापित करें।"

(2) उपपद

- **प्रारंभिक उपपद–**"सभी भाषाओं के प्रारंभिक उपपदों की उपेक्षा करें तथा इनके आगे आए हुए शब्द से व्यवस्थित करें। इस नियम का एक अपवाद यह है कि कुछ विदेशी व्यक्तिवाचक नाम उपपद से शुरू होते हैं।"

- **संलेख में उपपद**—"संलेख में प्रत्येक शब्द के साथ उपपद तथा उपसर्ग को सामान्यतया महत्त्व दिया जाता है।"

(3) आद्याक्षर या सूक्ष्म नाम

- "आद्याक्षर एक अथवा संयुक्त रूप में एक से अधिक होने पर उनको एक-अक्षरीय शब्द मानकर व्यवस्थित करें।"
- "संगठनों के नाम के लिए प्रयुक्त आद्याक्षरों को संक्षिप्त रूप में न मानकर आद्याक्षर के रूप में व्यवस्थित करें।"
- "परिवर्णी शब्दों को, बड़े अक्षरों में होने तथा उनके मध्य में स्थान अथवा विराम चिह्न या अन्य अंतराल नहीं होने की स्थिति में, शब्द के रूप में व्यवस्थित करें।"

उदाहरण—

W.M.O.
Wanderer Speaks
Where Eagles Darae

(4) संक्षिप्त रूप (संक्षेपण)

- "संक्षेपण में से Mrs. को छोड़कर अन्य संक्षेपण को संलेख की भाषा में उनके पूर्ण अर्थ या नाम के रूप में व्यवस्थित करें।"
- "भौगोलिक नामों ... के लिए प्रयुक्त आद्याक्षरों एवं अन्य संक्षेपणों को वैसे व्यवस्थित करें जैसे कि वे विस्तार रूप में लिखे हुए हैं।"
- "अगर विषय शीर्षकों में विषय विभाजन संक्षिप्त रूप में है तो उनको वैसे व्यवस्थित करें जैसे कि वे विस्तार रूप में लिखे हुए हैं।"

(5) संकेत तथा प्रतीक

- "आख्या के प्रारंभ में अथवा आख्या में संकेत जैसे ... अथवा ... की उपेक्षा करें।"
- "ऐमपरसैंड संकेत (&) को 'and', 'et' तथा अन्य भाषा की प्रयुक्त वर्तनी से व्यवस्थित करें।"
- "संकेत एवं प्रतीक को वैसे ही व्यवस्थित किया जाए जैसे शब्दों को साधारणतया बोला जाता है, मानो कि वे पूर्ण विस्तार में लिखे हुए हैं।"

उदाहरण–

Art and animation

Art & artists

(6) अंक

- "अंकों को ... वैसे व्यवस्थित करें जैसे कि संलेख की लिखी भाषा में उनकी वर्तनी का विस्तार कर व्यवस्थित करते हैं। अंकों एवं दिनांक की वर्तनी वैसी होती है जैसे उनको बोला . .. जाता है।"

(7) समान शब्द के अंतर्गत संलेखों का क्रम

- जब समान शब्द अथवा शब्दों का समूह विभिन्न प्रकार के संलेखों में शीर्षक के रूप में प्रयुक्त होता है तो संलेखों को निम्नलिखित दो मुख्य समूहों के अंतर्गत व्यवस्थित करते हैं–

  - एक कुलनाम के संलेखों को द्वितीय नाम के वर्णानुक्रम में व्यवस्थित करें।

  - अन्य सभी संलेखों को उनके प्रकार, शीर्षक, स्वरूप एवं विराम चिह्न की उपेक्षा करते हुए शब्द प्रति शब्द से वर्णानुक्रम में व्यवस्थित करें।

- "एक व्यक्ति अथवा समष्टि निकाय के नाम के अंतर्गत बने विषय संलेखों को उसी समान नाम के लेखक संलेख के बाद व्यवस्थित करें।"

- "समरूप आख्या इतर संलेखों एवं विषय संलेखों को एक साथ व्यवस्थित करें तथा उनका व्यवस्थापन वर्णानुक्रम में उनके मुख्य संलेख के बाद करें।"

(8) लेखक व्यवस्थापन

- "एक लेखक शीर्षक के अंतर्गत एक समूह के विभिन्न प्रकार के संलेखों को निम्नलिखित क्रम में व्यवस्थित करें–

  - एक लेखक की कृतियों को उनकी आख्या से उपव्यवस्थित करें।

  - लेखक से संबद्ध कृतियाँ–

    * "बिना किसी उप-विभाजन के उनके मुख्य संलेखों से वर्णानुक्रम में उपव्यवस्थित करें।"

* "उप-विभाजन सहित उनके उप-विभाजन से वर्णानुक्रम में उप-व्यवस्थित करें।"

(9) विषय व्यवस्थापन

- "विषय संलेख को प्रयुक्त समान शब्द एक कुलनाम के अंतर्गत व्यवस्थित करें।"

- "समान विषय शीर्षक वाले संलेखों को उनके मुख्य संलेख शीर्षक तथा बाद में आख्या से वर्णानुक्रम में व्यवस्थित करें।"

इसी प्रकार आख्या संलेखों तथा संदर्भ संलेखों के व्यवस्थापन के लिए भी नियम दिए गए हैं।

अंतर्विषयी संलेखों के लिए नियम संख्या 35 इस प्रकार है–

(10) अन्योन्य संदर्भ संलेख

- "समान शब्द अथवा शब्दों के अंतर्गत बने संलेखों में से संदर्भ अथवा व्याख्यात्मक टिप्पणी संलेख अन्य सभी संलेख से पहले आते हैं।"

- "'देखें' संदर्भों को उनके वर्णानुक्रमिक स्थान पर व्यवस्थित करें।"

- "समान शब्द अथवा शब्दों के अंतर्गत बने संलेखों में से 'और भी देखें' संदर्भ संलेख को सर्वप्रथम व्यवस्थित करें। अगर 'और भी देखें' संदर्भों को उन शीर्षकों के लिए बनाया गया है जिनसे प्रसूची में कोई संलेख नहीं है तो इन संदर्भों को उनके स्थान में व्यवस्थित करें।"

प्रश्न 6. शेल्फ सूची व्यवस्थापन पर एक नोट लिखिए।

उत्तर– पुस्तकालय में रखे गए प्रलेखों का एक अभिलेख अलमारियों में रखी हुई पुस्तकों के अनुक्रम के अनुसार व्यवस्थित होता है। इस प्रकार, शेल्फ सूची पुस्तकालयों में प्रलेखों के व्यवस्थापन को प्रतिबिंबित करती है अर्थात् एक पुस्तकालय में प्रलेखों के वर्गीकरण व्यवस्थापन की झाँकी शेल्फ सूची के संलेखों में मिलती है। शेल्फ सूची में इसलिए वर्ग संख्या एवं आह्वान संख्या संलेख दिए रहते हैं। इ्यूई दशमलव प्रणाली (डी.डी.सी.) वाले शेल्फ प्रसूची संलेख व्यवस्थापन के कुछ उदाहरण निम्नलिखित हैं–

उदाहरण 1–डी.डी.सी. वर्ग संख्या क्रम

001	Knowledge
001.424	Operations research
001.43	Research
001.5	Information and Communication
001.51	Communication Theory
001.534	Perception Theory
001.575	Artificial Intelligence
017	Subject Catalogues
018	Author Catalogues
027	Central Libraries

उदाहरण 2–डी.डी.सी. आह्वान संख्या के साथ तीन अंकीय कटर संख्या के कुछ उदाहरण–

530	W582	A work on physics by the author White, Harvey E.
530	W586	A similar work by the author White, Marsh W.
530	W739	A similar work by the author Willows, R.S.
530	W748	A similar work by the author Wilson, H.A.

पुस्तकालय में जब दो या अधिक पुस्तकें समान वर्ग संख्या वाली होती हैं तो उनकी एकरूपता को हटाने के लिए हम उन्हें व्यष्टिकृत करते हैं। इस उद्देश्य के लिए कटर संख्या का उपयोग किया जाता है। ये संख्याएँ पुस्तक संख्या के नाम से जानी जाती हैं। इनका निर्माण या तो कटर के दो अथवा तीन अंकों की अक्षरांकीय सारणी अथवा कटर सनबर्न सारणी के उपयोग से किया जाता है। ये सारणियाँ अंग्रेजी वर्ण के अक्षर अनुक्रम के लिए अक्षरांकीय संख्याएँ प्रदान करती हैं। पुस्तक के लेखक के कुलनाम के आधार पर संबंधित संख्या का निर्माण किया जाता है।

अगर एक विषय पर एक लेखक की कई पुस्तकें हैं तो हम प्रत्येक पुस्तक की आख्या के प्रथम शब्द के प्रथम अक्षर को आह्वान संख्या में

जोड़ते हैं। आह्वान संख्या का व्यवस्थापन तब पुस्तकों के उन अक्षरों के अनुक्रम के अनुसार होगा जो प्रत्येक पुस्तक की आख्या का प्रतिनिधित्व कर रहे हैं।

उदाहरण 3—

181.4	R12c	Contemporary Indian Philosophy by Radhakrishnan, S.
181.4	R12i	Indian Philosophy by the same author.
181.4	R12m	My search for truth by the same author.
181.4	R12s	Source book in Indian Philosophy by the same author.

कुछ छोटे पुस्तकालयों में कटर सारणी के उपयोग के स्थान पर मुख्य संलेख शब्द के एक से तीन अथवा चार अक्षरों को पुस्तक को व्यष्टिकृत करने हेतु प्रयुक्त किया जाता है।

प्रश्न 7. निम्नलिखित पर संक्षिप्त टिप्पणी लिखिए—
(क) लाइब्रेरी ऑफ कांग्रेस व्यवस्थापन नियम

उत्तर— लाइब्रेरी ऑफ कांग्रेस में प्रयुक्त नियम जिनका नाम 'फाइलिंग रूल्स फॉर द डिक्शनरी कैटलॉग इन द लाइब्रेरी ऑफ कांग्रेस' (1956) था एवं बाद में जॉन सी रदर (John C Rather) (1971) के द्वारा अस्थायी 'फाइलिंग अरेंजमेंट इन द लाइब्रेरी ऑफ कांग्रेस कैटलॉग' बाद में 'लाइब्रेरी ऑफ कांग्रेस फाइलिंग रूल्स' के नाम से प्रतिस्थापित होकर 1980 में प्रकाशित हुए। ये नियम 'ए एल ए फाइलिंग रूल्स' से अधिक विस्तृत हैं। इन नियमों में संलेखों के कंप्यूटर प्रस्तुतीकरण के लिए प्रायोगिक अनुकूलनीयता करने पर महत्त्व दिया है।

(ख) कंप्यूटर फाइलिंग   [दिसम्बर-2018, प्र.सं.-5.0 (d)]

उत्तर— कंप्यूटर, संलेखों के व्यवस्थापन की धीमी गति के भार को कम कर सकते हैं। ये कार्य को जल्दी एवं यंत्रवत कर सकते हैं। अब कंप्यूटर का उपयोग पुस्तकालय एवं ग्रंथपरक नियंत्रण में हो रहा है।

लेकिन कंप्यूटर फाइलिंग में भी कुछ कमियाँ हैं, क्योंकि ये मनुष्य की तरह सोच नहीं सकते हैं। माना कि आप व्यवस्थापन के समय कंप्यूटर को आदेश देते हैं कि प्रारंभिक पद "A" "An" "The" को हटा दे। तब A B C of Atomic Physics जैसी आख्या को कंप्यूटर BC of Atomic Physics के अंतर्गत व्यवस्थित करेगा, जो सर्वथा अनुपयोगी व्यवस्थापन है। फिर भी उचित प्रोग्रामिंग अनुदेश से कुछ समस्याओं का समाधान किया जा सकता है। कंप्यूटर व्यवस्थापन से संबंधित 1966 की प्रथम संहिता को Theodore C. Hines and Jessica L. Harris द्वारा 'कंप्यूटर फाइलिंग ऑफ इंडेक्स बिब्लियोग्राफिक एंड कैटलॉग रिकॉर्ड्स' (Computer Filing of Index, Bibliographic and Catalogue Records) आख्या के अंतर्गत प्रकाशित किया गया।

निधानीकरण तथा शेल्फ संशोधन
(Shelving and Shelf Rectification)

पुस्तकालयों में प्रयोगकर्त्ता के उपयोग की दृष्टि से पुस्तकों का शेल्विना और प्रदर्शनी आवश्यक है। निधानी व्यवस्थापन द्वारा यह सुनिश्चित करना चाहिए कि अधिक प्रयोग में आनी वाली पुस्तकें सही स्थान पर हैं कि नहीं। अधिक लंबे आकार की पुस्तकों को अलग स्थानों पर रखा जा सकता है। स्टैकिंग प्रणाली द्वारा यह सुनिश्चित करना चाहिए कि सभी प्रकार की सामग्रियों के लिए कम-से-कम स्थान का उपयोग हो। यह भी सुनिश्चित करना चाहिए कि जिस स्थान पर ये सामग्रियाँ रखी जा रही हैं वहाँ उपयुक्त रोशनी और प्राकृतिक हवा उपलब्ध हों।

प्रश्न 1. शेल्विंग से क्या तात्पर्य है? संक्षेप में बताइए।

अथवा

निधानी क्या है? संक्षेप में बताइए।

उत्तर– शेल्विंग, पुस्तकालय विज्ञान के चौथे नियम को पूरा करने के लिए प्रलेखों को शेल्फ पर व्यवस्थित करने की एक कला है ताकि पाठक के समय की बचत हो सके। साधारणत:, किताबों को निधानियों पर कॉल संख्या के अनुसार वर्गीकृत तरीके से व्यवस्थित किया जाता है। साधारण शब्दों में, प्रलेखों को निधानियों में व्यवस्थित करने की प्रक्रिया को शेल्विंग या निधानी कहते हैं।

प्रश्न 2. स्टैकिंग क्या है? स्टैकिंग की विभिन्न विधियों की चर्चा कीजिए।

अथवा

पुस्तक संग्रहण (स्टैकिंग) की विभिन्न प्रणालियों का वर्णन कीजिए। [दिसम्बर-2017, प्र.सं.-4.2]

उत्तर– पुस्तकों को क्रमबद्ध तथा सही तरीके से रखने की प्रक्रिया को स्टैकिंग कहते हैं। स्टैकिंग की विभिन्न विधियाँ निम्नलिखित हैं–

(1) स्थिर शेल्फ पर दोहरी पंक्ति–इस प्रणाली में स्थिर शेल्फ पर पुस्तकें दोहरी पंक्ति में रखी जा सकती हैं। इस विधि से शेल्फ की क्षमता तो बढ़ जाती है, किंतु पिछली पंक्ति में रखी पुस्तकों तक पहुँचने में बाधा पड़ती है। इसमें किए गए सुधार के अनुसार दो परतों के लिए दो शेल्फ उपयोग में लाए जाएँ और एक परत को ऊपर-नीचे करके पिछली पंक्ति की पुस्तकों तक पहुँचा जाए।

(2) कब्जेदार स्टैक–इस प्रणाली में दो शेल्फ साथ-साथ जोड़ दिए जाते हैं और एक ओर कब्जे जड़ दिए जाते हैं। एक शेल्फ को जड़ दिया जाता है और दूसरे को पहले के सामने कब्जे लगाकर चढ़ा दिया जाता है। इस प्रणाली मे पूरे शेल्फ को दरवाजे की भाँति खोला जा सकता है और पिछली पंक्ति में रखी पुस्तकों तक पहुँचा जा सकता है। कब्जे वाले शेल्फ को संचालित करने के लिए, फर्श पर रखे लोहे के रैक पर चलाने के लिए, शेल्फ की निचली सतह के सिरे पर रोलर लगा दिए जाते हैं।

(3) **रोलिंग स्टैक**–ये रोलिंग स्टैक लोहे के बने होते हैं, जिनके नीचे बॉल बियरिंग वाले पहिए लगे होते हैं और इन स्टैकों को पास-पास रखते हैं। बॉल बियरिंग वाले पहिए इन्हें सरका कर बाहर निकालने में सुविधा प्रदान करते हैं।

(4) **बहुमंजिले स्टैक**–पूर्वकाल में विश्व के कई बड़े पुस्तकालयों ने स्थान की कमी का हल निकालने के लिए इस प्रणाली को अपनाया। इसमें लोहे के बने खाँचों में लकड़ी के स्टैक फर्श से लेकर छत तक रखे जाते हैं। पुस्तकों और शेल्फ का भार मजबूत नींव पर बने फर्श पर टिका होता है। स्टैक का विस्तार क्षैतिज दिशा की ओर न होकर ऊर्ध्वाधर की दिशा में बचत करने वाला माना गया है, क्योंकि प्रत्येक स्टैक पर बनाई गई मंजिल पर फर्श अस्थायी होता है। यह फर्श, लकड़ी, लोहे की हल्की चादरों अथवा कंक्रीट का बनाया जाता है। भारत के कई पुस्तकालयों में भी इस प्रकार के बहुमंजिले स्टैक बनाए गए हैं।

(5) **सघन भंडारण**–भंडारण की एक अन्य प्रणाली सघन भंडारण है। पिछली शताब्दी से लेकर अब तक सघन भंडारण विधि का समर्थन और इस पर अनुसंधान किया जा रहा है। तथापि, इसके लिए आवश्यक उपकरणों की उपलब्धता के कारण इसका प्रचलन पिछले दो दशकों में ही अधिक हुआ है।

सघन भंडारण के शेल्फ विशेष प्रकार के उपकरण हैं, जो भंडारण क्षमता में ठोस वृद्धि को संभव बनाते हैं। ऐसा स्टैक की विभिन्न इकाइयों, खंडों और संपूर्ण शेल्विंग प्रणाली को विविध विधि से व्यवस्थापित कर और शेल्फ की भार-वहन क्षमता को ध्यान में रख कर किया जाता है। इन उपकरणों का निर्माण, संगठन और उपयोग विधि पारंपरिक शेल्फ और भंडारण के उपकरणों से भिन्न है।

बहुल मात्रा में भंडारण की सघनता संभव होने के कारण, इस उपकरण के द्वारा संग्रह के भंडारण को 'सघन भंडारण' कहते हैं। सघन भंडारण के निम्नलिखित प्रकार हैं–

(क) चलायमान परिखंडों से जुड़े स्थिर शेल्फ,

(ख) चलायमान दराज वाले स्थिर शेल्फ, और

(ग) चलायमान सरकाने वाले शेल्फ।

सभी चलायमान सघन शेल्फ में गाइड रेल व्यवस्था से जुड़े ऊर्ध्वाधर में झूलते विविध प्रकार के खंडों के निर्माण का उपयोग करते हैं। ये दोहरे अथवा इकहरे पक्ष वाले हो सकते हैं। सघन शेल्विंग का अनिवार्य सिद्धांत एक-दूसरे से सटाकर रखे हुए संग्रह, न कि ढीले-ढाले अथवा छितरा कर रखे हुए संग्रह के रूप में फलीभूत होता है। पारंपरिक शेल्विंग में फर्श के 30 प्रतिशत क्षेत्र का ही उपयोग हो पाता है, किंतु, विविध प्रकार की सघन शेल्विंग में स्टैक कक्ष की भंडारण क्षमता में 50 प्रतिशत से 65 प्रतिशत तक वृद्धि होने का अनुमान है।

सारांशत; सघन भंडारण में पुस्तक तक पहुँच को कम करने के साथ-साथ कुछ अन्य कमियाँ भी पाई जाती हैं, यथा–शेल्विंग उपकरण की अधिक लागत, भवन की लागत में वृद्धि (विशेष प्रकार का भवन निर्माण आवश्यक है), यांत्रिक संचालन और असुरक्षा इत्यादि। इसके पक्ष में निर्णय लेने से पूर्व इसकी कमियों की अपेक्षा इससे प्राप्त लाभ के प्रति आश्वस्त होना आवश्यक है।

पारंपरिक शेल्विंग–कई पुस्तकालयों में पुस्तकें समानांतर पंक्तियों में, दो पंक्तियों के मध्य 75 सेमी. से 80 सेमी. का फासला रख कर, खुले रैक में रखी जाती हैं। रैक की सामान्य ऊँचाई 190 सेमी. से 205 सेमी. तक रखी जाती है, ताकि सबसे ऊँचे शेल्फ से भी पुस्तकें ली जा सकें। एकमुखी रैक दीवार से सटाकर रखे होते हैं। कमरे या हॉल के अंदर, पार्श्ववीथियों में द्विमुखी रैक होते हैं। एकमुखी रैक में एक मीटर लंबाई के छ: अथवा सात शेल्फ होते हैं। जबकि द्विमुखी रैक में 12 अथवा 14 एक मीटर लंबे शेल्फ होते हैं। इस प्रकार, सब पार्श्ववीथियों, अंतमार्गों इत्यादि को सम्मिलित करके फर्श का 30 प्रतिशत स्थान ही शेल्विंग के काम आ पाता है। पारंपरिक शेल्विंग इस प्रकार पुस्तक तक पहुँचने में अधिकतम और स्थान की बचत में न्यूनतम रूप से सक्षम है। समस्या दो विपरीत स्थितियों के मध्य संतुलन स्थापित करने की है।

स्टैक कक्ष के अलग-अलग भाग के उपयोग की मात्रा को ही शेल्फ के अधिक तर्कसम्मत व्यवस्थापन के चुनाव का आधार बनाना चाहिए। जो संग्रह पाठकों द्वारा अधिक और निर्बाध रूप से उपयोग में लाए जाते हैं, उनके लिए पारंपरिक शेल्विंग अधिक उपयुक्त समझी जाती है। उन संग्रहों के

लिए, जिनका उपयोग यदा-कदा ही किया जाता है, सघन शेल्विंग को ही अपनाना चाहिए ताकि स्टैक कक्ष के स्थान की भंडारण क्षमता में संभावित वृद्धि की जा सके। नवीन प्रवृत्ति पाठ्य सामग्री के भंडारण को अध्ययन के लिए स्थान-सुविधा के प्रावधान से मिलाकर निर्धारित करने की है।

अत: अधिकांश पुस्तकालयों में पत्रिका संग्रह, विशेष रूप से नए अंक को अवलोकन अथवा पढ़ने के लिए प्रदर्शित किया जाता है। इनके एक वर्ष पुराने अंक भी इनके साथ ही रखे जाते हैं। इस प्रकार के भंडारण और प्रदर्शन के लिए विशेष प्रकार के (पत्रिका) रैक उपलब्ध हैं।

विश्वविद्यालय, शोध और अन्य प्रकार के बड़े पुस्तकालय दृश्य-श्रव्य सामग्री, माइक्रो फिल्म, सीडी-रोम इत्यादि का भी परिग्रहण करते हैं। इनके परिरक्षण के साथ इनकी पुनर्प्राप्ति की सुगमता पर भी विचार करना चाहिए। इनके शेल्विंग तथा भंडारण के लिए विशेष प्रकार की भंडारण सुविधा चाहिए क्योंकि उनका अवलोकन या प्रदर्शन नहीं किया जा सकता।

संग्रह के आकार के अनुसार, सामग्री के भंडारण और व्यवस्थापन पर विचार किया जाता है। विशेष प्रकार के भंडारण शेल्फ उपलब्ध हैं, जिन्हें सभी कार्यात्मक और सेवा संबंधी बातों पर विचार करने के उपरांत ही खरीदना चाहिए।

प्रश्न 3. स्टैक संदर्शिका (Guides) पर टिप्पणी कीजिए।

उत्तर– पाठक को पुस्तकालयकर्मी की सहायता के बिना स्वयं ही पुस्तकालय के विभिन्न भागों में पहुँच पाने के लिए आत्मनिर्भर बनाने के लिए अनेक स्थान पर संदर्शिकाएँ लगानी होती हैं। स्टैक क्षेत्र में निम्नलिखित संदर्शिकाएँ लगानी चाहिए–

(1) **मंजिल संदर्शिका (Tier Guide)**–स्टैक क्षेत्र की प्रत्येक मंजिल के लिए मंजिल संदर्शिका, उस मंजिल में रखी पुस्तकों के विषय को बताने के लिए लगाई जानी चाहिए। इन संदर्शिकाओं पर मंजिल में रखी पुस्तकों को समाहित करने वाली वर्ग संख्या और समानार्थी विषयों के नाम लिखे होते हैं।

(2) अंतरमार्ग संदर्शिका (Gangway Guide)—प्रत्येक अंतरमार्ग (गैंगवे) पर एक अंतरमार्ग संदर्शिका लगी होनी चाहिए। इन संदर्शिकाओं पर संबंधित अंतरमार्ग में व्यवस्थित पुस्तकों की वर्ग संख्या और तत्संबंधी विषय के नाम लिखे होते हैं।

(3) वीथि संदर्शिका (Bay Guide)—प्रत्येक वीथि (Bay) में रखी पुस्तकों को दर्शाने के लिए वीथि संदर्शिका, जिस पर संबंधित वर्ग संख्या और उनके विषय के नाम लिखे हों, लगाई जानी चाहिए।

(4) शेल्फ संदर्शिका (Shelf Guide)—एक शेल्फ पर रखी पुस्तकों के विषय को दर्शाने के लिए शेल्फ संदर्शिका, जिस पर संबंधित वर्ग संख्या और तदनुसार विषय का नाम लिखा हो, लगाई जानी चाहिए।

(5) सामान्य संदर्शिका (General Guide)—प्रवेश द्वार के निकट अथवा लॉबी (Lobby) में स्टैक क्षेत्र में व्यवस्थित पुस्तकों की स्थिति का विहंगावलोकन कराने वाली संदर्शिका लगानी चाहिए।

(6) सामान्य निर्देश संदर्शिका (General Instructions Guide)—रख-रखाव अनुभाग को निम्नलिखित संदर्शिकाएँ भी लगानी चाहिए—

(क) 'धूम्रपान निषेध/मना है।'

(ख) 'अपनी चाल एवं आवाज धीमी रखें।'

(ग) 'शांति बनाए रखें।'

(घ) 'पुस्तकें स्वयं शेल्फ पर नहीं रखें, इन्हें मेज पर ही रख दें।'

प्रश्न 4. निधानी व्यवस्थापन के विभिन्न प्रकारों को बताइए।

उत्तर— निधानियों पर पुस्तकों का व्यवस्थापन विषयानुसार प्रामाणिक व मान्य वर्गीकरण पद्धति के अनुसार होना चाहिए। इस व्यवस्थापन में भी वर्गों का परस्पर सह-संबंध होना चाहिए। संग्रह कक्ष में पुस्तकों को उपयोगानुसार व्यवस्थित करना चाहिए अर्थात् अत्यधिक उपयोग में आने वाली पुस्तकों को सबसे पहले तदुपरांत उपयोगानुसार व्यवस्थित किया जाना चाहिए। संदर्भ ग्रंथों को काउंटर के पास व्यवस्थित किया जाना चाहिए जिससे उनकी प्राप्ति में पाठकों का समय नष्ट न हो।

व्यवस्थापन के द्वारा भी पुस्तकालय पाठ्य-सामग्री के उपयोग को गति प्रदान की जा सकती है। ग्रंथों का व्यवस्थापन, पुस्तकों में वर्णित विषयों के आधार पर होना चाहिए। क्योंकि अधिकांश पाठक ग्रंथों की माँग विषयानुसार ही करते हैं। आधुनिक पुस्तकालयों में उच्च द्वार प्रणाली अपनाकर पाठकों को ग्रंथ चुनने में अधिकाधिक स्वायत्ता प्रदान की जाती है, इस प्रकार ग्रंथों के उपयोग में बढ़ोतरी होती है।

पुस्तकालय द्वारा अपने प्रलेख संग्रह के लिए विभिन्न अनुक्रमों का निर्धारण कर लेने के बाद संबंधित सामग्री को उपयुक्त अनुक्रम में रखा जाता है।

(1) लेखक अथवा आख्या के वर्णक्रमानुसार (Alphabetical by Author/Title)—छोटे पुस्तकालयों में पुस्तकों को लेखक अथवा आख्या के वर्णक्रम में व्यवस्थापित करना अधिक सहज माना जा सकता है। साधारणत: कथा साहित्य को अलग अनुक्रम में लेखक के नाम के अनुसार व्यवस्थापित करते हैं। लेखक के अनुसार व्यवस्थापन बड़े पुस्तकालयों में पुस्तकालय विज्ञान के सूत्रों को संतुष्ट नहीं कर पाता है।

(2) वर्गीकृत व्यवस्थापन (Classified Arrangement)—ऐसा माना गया है कि पुस्तकों के व्यवस्थापन के लिए विषय एक स्थायी और अधिक उपयोगी आधार है। आकार, आख्या और कभी-कभी लेखक भी पुस्तक के एक से दूसरे संस्करण में बदले जा सकते हैं। लेकिन पुस्तक का विषय अपरिवर्तनीय रहता है। अत: पुस्तकालयों को लक्ष्य प्राप्ति के लिए पुस्तकों का व्यवस्थापन उनके विषय के अनुसार ही करना चाहिए।

(3) खंड व्यवस्थापन (Block Arrangement)—इस विधि में पुस्तकों को किसी निर्धारित वर्गीकरण पद्धति के अनुसार शेल्फ से शेल्फ तक, केस से केस तक क्रम में व्यवस्थापित किया जाता है।

(4) खंडित क्रम व्यवस्थापन (Broken Order Arrangement)—किसी वर्गीकरण पद्धति के अनुसार वर्गीकृत व्यवस्थापन को अपनाने वाले पुस्तकालय भी पद्धति द्वारा निर्धारित क्रम को संपूर्ण रूप में नहीं अपनाते हैं। कई उचित कारणों से, अपनाई गई वर्गीकरण पद्धति द्वारा निर्धारित क्रम से अलग हटकर व्यवस्थापन करना, 'खंडित क्रम' कहलाता है।

(5) **परिग्रहण संख्या (Accession Number)**—परिग्रहण संख्या के अनुसार व्यवस्थापन भी पहुँच में प्रभावकारी हो सकता है, यदि—(i) स्टैक तक पहुँच बाधित हो, (ii) सामग्री के निहित विषय को स्पष्ट करते हुए अधिक विस्तृत और गहन विषय प्रसूची तथा लेखक प्रसूची उपलब्ध हों, और (iii) वांछित प्रलेख पाठक को ज्ञात प्रलेख विशेष हो।

प्रश्न 5. निम्न पर संक्षिप्त टिप्पणी लिखिए—
(क) **निधानी परिशोधन** (Shelf Rectification)

अथवा

फलक (शेल्फ) संशोधन [दिसम्बर-2017 , प्र.सं.-5.0 (ख)]

उत्तर— पाठकों को स्पष्ट बताया जाता है कि वे पुस्तकों को शेल्फ पर न रखें लेकिन वे फिर भी ऐसा कर देते हैं। ऐसी पुस्तकों की पुन:प्राप्ति लगभग असंभव हो जाती है, और इन्हें खो चुकी पुस्तक मान लिया जाता है। इस दोष को दूर करने के लिये आवश्यक है कि शेल्फ-व्यवस्था की बार-बार देखभाल की जाये और उसकी त्रुटियों को दूर किया जाये। इसे शेल्फ-व्यवस्था सुधारण (शेल्फ रेक्टीफिकेशन) प्रक्रिया कहा जाता है।

स्टैक क्षेत्र का निधानी परिशोधन यह सुनिश्चित करता है कि मुक्त अभिगमन प्रणाली के अंतर्गत सामग्रियाँ अपने निर्धारित स्थानों पर ही बनी हुई हैं और वे अपने स्वरूप में हैं। निधानी परिशोधन निश्चित अंतराल पर किया जाता है। इसमें निम्नलिखित कार्य शामिल हैं—

(1) **निधानी में सही क्रम बनाए रखना** (**Rearranging Work in Shelf**)—सही क्रम बनाए रखने का अर्थ है गलत जगहों पर रखी पुस्तकों को उनके सही स्थान पर रखना। स्टैक क्षेत्र में पुस्तकालय कर्मचारियों को ऐसी पुस्तकों को विभिन्न निधानियों से ढूँढ़ कर उनको सही स्थान पर रखना चाहिए।

(2) **निधानी सुकरण कार्य** (**Shelf Easing Work**)—पुस्तकालय कर्मचारियों को घने क्षेत्र (congested area) से अतिरिक्त पुस्तकों को हटा कर रैक्स में बराबर-बराबर बाँट देना चाहिए।

(3) **स्ट्रेटनिंग कार्य** (**Straightening Work**)—पुस्तकालय कर्मचारियों को एक-एक करके सभी निधानियों के पास जाना चाहिए

और पुस्तकों को निधानियों में उर्ध्वाधर स्थिति (vertical position) में रखना चाहिए। इससे पुस्तकों को ढूँढ़ने में आसानी हो जाती है और निधानी में पुस्तकें देखने में अच्छी लगती हैं।

इस प्रक्रिया में कुछ अन्य कार्य निम्नलिखित हैं–

- **खोई हुई पुस्तकों का कार्य** (Last Book Work)–जब कोई पुस्तक खो जाती है तो पुस्तकालय कर्मचारियों को उस पुस्तक का विवरण परिग्रहण रजिस्टर (accession register) से नोट कर लेना चाहिए तथा उस पुस्तक की कीमत पुस्तक के प्रयोगकर्ता से वसूली जाती है या उसे दूसरी पुस्तक लाने को कहा जाता है। यदि प्रयोगकर्ता दूसरी पुस्तक लाकर देता है तो इस पुस्तक को जल्दी से जल्दी तकनीकी अनुभाग और पेस्टिंग तथा स्टैम्पिंग आदि नियमित दिनचर्या की प्रक्रिया में लाना चाहिए और यह पुस्तक प्रयोगकर्ताओं के प्रयोग के लिए स्टैक्स (Stacks) में भेज देनी चाहिए।

- **मार्गदर्शक कार्य** (Guiding Work)–बड़े पुस्तकालयों में पुस्तकालयों के विभिन्न अनुभागों तक पहुँचने में (पुस्तकालय कर्मचारियों के कम-से-कम मदद के बिना) प्रयोगकर्ताओं की मदद के लिए इस प्रकार के कार्यों की आवश्यकता होती है। निधानी के सभी अनुभाग में एक कार्ड पर मोटे शीर्षक में 'bay guide' छपा होना चाहिए जिसमें आह्वान संख्या (call number) तथा शाब्दिक शीर्षक लिखे होने चाहिए।

इसी प्रकार सभी अंत:मार्ग (gangway) में अंत:मार्ग संदर्शिका होनी चाहिए। सभी शैल्फों में शैल्फ गाइड होना चाहिए।

(ख) निधानियों का रखरखाव (Maintenance of Shelves)

उत्तर– पुस्तकालय में निधानी रखरखाव में निम्नलिखित नित्यचर्या को शामिल किया जाता है–

- निधानी की साफ-सफाई

- किताबों के टैग की जाँच तथा रखरखाव
- नई किताबों की निधानी करना
- परिसंचरण अनुभाग प्राप्त पुस्तकों की निधानी करना
- पुस्तकों को क्रम में बहाल करना
- क्षतिग्रस्त पुस्तकों की पहचान करना तथा उन्हें आवरण तथा मरम्मत के लिए भेजना
- अगर पाठक स्वयं पुस्तक ढूँढ़ने में असमर्थ हो तो उन्हें पुस्तक ढूँढ़ने में मदद करना।

निधानी रखरखाव के लिए रखरखाव कर्मचारियों को निम्नलिखित मदों की आवश्यकता होती है–

- पुस्तकों की छटनी के लिए टेबल
- एक स्थान से दूसरे स्थान तक पुस्तकों को लेकर जाने के लिए ट्रॉली
- सरलता के लिए बुक एंड सपोर्ट
- पुस्तकों के सरल प्रतिस्थापन के लिए साधन
- निधानी के ऊपरी भाग की साफ-सफाई के लिए सीढ़ी।

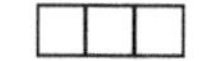

प्रश्न पत्र

प्रलेख प्रक्रियाकरण एवं व्यवस्थापन : बी.एल.आई.आई.-012
दिसम्बर, 2017

नोट: सभी प्रश्नों के उत्तर दीजिए। सभी प्रश्नों के अंक समान हैं। अपने उत्तरों की पुष्टि के लिए उपयुक्त उदाहरण देते हुए आवश्यकतानुसार रेखाचित्रों का भी प्रयोग कीजिए। उत्तर लिखने से पूर्व संबंधित प्रश्न संख्या अवश्य लिखिए।

1.1 वर्गीकरण को परिभाषित कीजिए। इसकी आवश्यकता और उद्देश्य की चर्चा कीजिए।

Define Classification. Discuss its need and purpose.

उत्तर– देखें अध्याय-1, प्र.सं.-1, 5

अथवा

1.2 वर्गीकरण क्या है? इसके उपयोग और सीमाओं का वर्णन कीजिए।

What is Classification ? Describe its uses and limitations.

उत्तर– देखें अध्याय-1, प्र.सं.-1, 9

2.1 डी.डी.सी. में विभिन्न तालिकाओं की परिगणना कीजिए। तालिका 1 और 2 के उपयोग की सोदाहरण व्याख्या कीजिए।

Enumerate the different tables in DDC. Explain the use of Tables 1 and 2 with examples.

उत्तर– देखें अध्याय-2, प्र.सं.-5

अथवा

2.2 पुस्तकालय प्रसूची को परिभाषित कीजिए। प्रसूची पत्रक के विभिन्न भागों की आरेख की सहायता से व्याख्या कीजिए।

Define a Library Catalogue. Explain the different parts of a catalogue card with a diagram.

उत्तर– देखें अध्याय-3, प्र.सं.-1, 3

3.1 सी सी सी (CCC) के अनुसार प्रसूची संलेखों के विभिन्न प्रकारों की व्याख्या कीजिए।

Explain the different kinds of catalogue entries according to CCC.

उत्तर– देखें अध्याय-3, प्र.सं.-11

अथवा

3.2 समष्टि लेखक (ग्रंथकार) क्या है? इसके प्रकारों की परिगणना कीजिए। ए.ए.सी.आर. II आर. के अनुसार आप किस प्रकार इन्हें प्रसूचीकृत करेंगे? प्रत्येक का एक-एक उदाहरण दीजिए।

What is a Corporate Author ? Enumerate its types. How would you catalogue them according to AACR II R ? Give one example of each.

उत्तर– देखें अध्याय-4, प्र.सं.-6

4.1 फाइल करना (फाइलिंग) क्या है? संलेखों को फाइल करने से संबंधित ए एल ए (ALA) नियमों का वर्णन कीजिए।

What is Filing ? Describe ALA rules for filing of entries.

उत्तर– देखें अध्याय-5, प्र.सं.-1, 5

अथवा

4.2   पुस्तक संग्रहण (स्टैकिंग) की विभिन्न प्रणालियों का वर्णन कीजिए।

Describe the different systems of stacking.

उत्तर– देखें अध्याय-6, प्र.सं.-2

5.0   निम्नलिखित में से किन्हीं दो पर संक्षिप्त टिप्पणियाँ लिखिए (प्रत्येक लगभग 250 शब्दों में)–

Write short notes on any two of the following (in about 250 words each):

(क)   वर्गीकरण में पदानुक्रम

Hierarchy in Classification

उत्तर– देखें अध्याय-1, प्र.सं.-2

(ख)   फलक (शेल्फ) संशोधन

Shelf Rectification

उत्तर– देखें अध्याय-6, प्र.सं.-5 (क)

(ग)   ग्रंथेतर सामग्रियों की शेल्विंग

Shelving of Non-book Materials

उत्तर– पुस्तकालयों में विभिन्न प्रकार की ग्रंथेतर सामग्रियाँ होती हैं, जैसे–दृश्य सामग्री, सूक्ष्म आकार के प्रलेख, CD-ROM इत्यादि। इन सामग्रियों के प्रदर्शन (display) के लिए कुछ विशेष उपकरणों तथा फर्नीचर की आवश्यकता पड़ती है। ग्रंथेतर सामग्रियों के भंडारण तथा व्यवस्थापन में इनके आकार को ध्यान में रखा जाता है क्योंकि इस उद्देश्य के लिए विशेष भंडारण निधानियाँ उपलब्ध होती हैं।

(घ)   वर्गीकरण के सिद्धांत

Principles of Classification

उत्तर– देखें अध्याय-1, प्र.सं.-8

प्रलेख प्रक्रियाकरण एवं व्यवस्थापन : बी.एल.आई.आई.-012
जून, 2018

नोट: सभी प्रश्नों के उत्तर दीजिए। सभी प्रश्नों के अंक समान हैं। अपने उत्तरों की पुष्टि के लिए उपयुक्त उदाहरण देते हुए आवश्यकतानुसार रेखाचित्रों का भी प्रयोग कीजिए। उत्तर लिखने से पूर्व संबंधित प्रश्न संख्या अवश्य लिखिए।

1.1 पुस्तकालय वर्गीकरण को परिभाषित कीजिए। वर्ग संख्या निर्धारित करने के चरणों का वर्णन कीजिए।
Define library classification. Describe the steps of assigning class numbers.

उत्तर– देखें अध्याय-1, प्र.सं.-4, 7

अथवा

1.2 डी डी सी (DDC) के 19वें संस्करण की संरचना और मूलभूत योजना का वर्णन कीजिए।
Describe the structure and basic plan of DDC 19th edition.

उत्तर– देखें अध्याय-2, प्र.सं.-1, 2

2.1 पुस्तकालय प्रसूची के उद्देश्य और कार्यों की चर्चा कीजिए।
Discuss the objectives and functions of a library catalogue.

उत्तर– देखें अध्याय-3, प्र.सं.-1

अथवा

2.2 पुस्तकालय प्रसूची के आंतरिक और बाह्य प्रारूपों का वर्णन कीजिए।

Describe the outer and inner forms of a library catalogue.

उत्तर– देखें अध्याय-3, प्र.सं.-8

3.1 शब्दकोश प्रसूची में विभिन्न डाटा तत्त्वों की सोदाहरण व्याख्या कीजिए।

Explain the different data elements in a dictionary catalogue with an example.

उत्तर– देखें अध्याय-3, प्र.सं.-9

अथवा

3.2 ए ए सी आर-2 आर (AACR-2R) में विवरण के तीन स्तरों का सोदाहरण वर्णन कीजिए।

Describe the three levels of description in AACR-2R with an example.

उत्तर– देखें अध्याय-4, प्र.सं.-2

4.1 फाइल करना (फाइलिंग) क्या है? सी सी सी (CCC) के अनुसार फाइल करने संबंधी नियमों का संक्षेप में वर्णन कीजिए।

What is filing ? Describe in brief filing rules as per CCC.

उत्तर– देखें अध्याय-5 प्र.सं.-1, 4

अथवा

4.2 शेल्विंग क्या है? फलक व्यवस्थापन के विभिन्न प्रकारों की चर्चा कीजिए।

What is shelving ? Discuss the different types of shelf arrangements.

उत्तर– देखें अध्याय-6 प्र.सं.-1, 4

5.0 निम्नलिखित में से किन्हीं दो पर संक्षिप्त टिप्पणियाँ लिखिए (प्रत्येक लगभग 250 शब्दों में)–

Write short notes on any two of the following (in about 250 words each):

(a) डी डी सी (DDC) में सापेक्ष अनुक्रमणिका

Relative index in DDC

उत्तर– देखें अध्याय-2 प्र.सं.-6

(b) डी डी सी (DDC) में तालिका-3

Table 3 in DDC

उत्तर– देखें अध्याय-2 प्र.सं.-5

(c) पुस्तक संग्रहण (स्टैकिंग) के सिद्धांत

Stacking principles

उत्तर– पुस्तकालय सामग्रियों के स्टैकिंग करते समय निम्नलिखित सिद्धांतों को ध्यान में रखा जाता है–

- पुस्तकों की छटनी के लिए टेबल
- कम क्षय के साथ जगह का सही उपयोग
- पहुँच में आसान
- जगह बचाने के लिए विभिन्न प्रकार के स्टैक तथा फर्नीचर का प्रयोग
- प्रयोगकर्ताओं द्वारा प्राय: प्रयोग की जाने वाली जगहों में परस्पर संबंध
- उपयुक्त रोशनी, हवा इत्यादि की व्यवस्था
- उपयुक्त प्राकृतिक तथा कृत्रिम रोशनी
- पुस्तकालय भावी वृद्धि का प्रावधान

(d) एकक पत्रक प्रणाली

Unit card system

उत्तर– देखें अध्याय-3 प्र.सं.-4

प्रलेख प्रक्रियाकरण एवं व्यवस्थापन : बी.एल.आई.आई.-012
दिसम्बर, 2018

नोट: सभी प्रश्नों के उत्तर दीजिए। सभी प्रश्नों के अंक समान हैं। अपने उत्तरों की पुष्टि के लिए उपयुक्त उदाहरण देते हुए आवश्यकतानुसार रेखाचित्रों का भी प्रयोग कीजिए। उत्तर लिखने से पूर्व संबंधित प्रश्न संख्या अवश्य लिखिए।

1.1 पुस्तकालय वर्गीकरण से आप क्या समझते हैं? इसके उपयोग और सीमाओं की चर्चा कीजिए।

What do you understand by library classification? Discuss its uses and limitations.

उत्तर– देखें अध्याय-1, प्र.सं.-4, 5, 9

अथवा

1.2 पुस्तकालय प्रसूची के प्रयोजन, उद्देश्य और कार्यों की चर्चा कीजिए।

Discuss the purpose, objectives and functions of a library catalogue.

उत्तर– देखें अध्याय-3, प्र.सं.-1

2.1 शब्दकोश प्रसूची के विभिन्न संलेखों की उपयुक्त उदाहरणों के साथ चर्चा कीजिए।

Discuss with suitable examples different entries of a dictionary catalogue.

उत्तर– देखें अध्याय-3, प्र.सं.-9

अथवा

2.2 ए.ए.सी.आर.-2 आर. के अनुसार प्रमुख संलेख के विभिन्न भागों का वर्णन कीजिए। उन्हें वर्णित करते समय उपयुक्त उदाहरण भी दीजिए।

Identify different parts of the main entry according to AACR-2R. Describe them with appropriate illustrations.

उत्तर– देखें अध्याय-4, प्र.सं.-3

3.1 'विवरण के स्तर' से क्या अभिप्राय है? ए.ए.सी. आर.-2 आर. के अनुसार विवरण के द्वितीय स्तर के लिए डाटा तत्त्वों का वर्णन कीजिए।

What do you mean by 'Levels of Description'? Describe the data elements for second level of description according to AACR-2R.

उत्तर– देखें अध्याय-4, प्र.सं.-2

अथवा

3.2 'संलेखों की फाइलिंग' के अर्थ और प्रक्रिया की चर्चा कीजिए। प्रसूची संलेखों की फाइलिंग से संबंधित समस्याओं का उल्लेख कीजिए।

Discuss the meaning and process for filing of catalogue entries. Enumerate the problems associated with filing of catalogue entries.

उत्तर– देखें अध्याय-5, प्र.सं.-2, 3

फाइलिंग से संबंधित समस्याएँ–सूची संलेख के फाइलिंग (मैन्युअल या यंत्रवत्) करने से कुछ समस्याओं का सामना करना पड़ता है। यहाँ तक कि कंप्यूटर फाइलिंग में भी सूची संलेख में निहित तत्त्वों को सुनिश्चित करना होगा। पुस्तकालय फाइलिंग नियम को उस नियम के समुच्चय में बदलना जो कंप्यूटर प्रयोग करता है, कोई आसान कार्य नहीं है क्योंकि कंप्यूटर मनुष्य की तरह नहीं सोच सकता है। संलेखों के फाइलिंग में आचार (Convention) जातिवाचक संज्ञा (Common nouns) में अंतर, जगहों के नाम तथा व्यक्तिगत नाम, विदेशी भाषा समस्या, शब्दों के योजक चिह्न तथा गैर-योजक चिह्न प्रयोग, लेख इत्यादि भी कभी-कभी समस्याएँ उत्पन्न करती हैं।

प्रलेख प्रक्रियाकरण एवं व्यवस्थापन : बी.एल.आई.आई.–012
जून, 2019 (सैम्पल पेपर)

1.1 पुस्तकालय वर्गीकरण से आप क्या समझते हैं? वर्गीकरण प्रक्रिया को समझाइए।

What do you understand by library classification? Explain the process of classification.

उत्तर– देखें अध्याय-1, प्र.सं.-4, 2

अथवा

1.2 ड्यूई दशमलव वर्गीकरण के (DDC) के 19वीं संस्करण की संरचना बताइए।

Discuss the structure of DDC-19th edition.

उत्तर– देखें अध्याय-2, प्र.सं.-1

2.1 पुस्तकालय प्रसूची के उद्देश्य और कार्यों की चर्चा कीजिए।

Discuss the objectives and functions of a library catalogue.

उत्तर– देखें अध्याय-3, प्र.सं.-1

अथवा

2.2　ए.ए.सी.आर.-2 आर. के अनुसार प्रमुख संलेख के विभिन्न भागों का वर्णन कीजिए। उन्हें वर्णित करते समय उपयुक्त उदाहरण भी दीजिए।

Identify different parts of the main entry according to AACR-2R. Describe them with appropriate illustrations.

उत्तर– देखें अध्याय-4, प्र.सं.-3

3.1　संशोधित पुस्तकों का मुख्य संलेख किस प्रकार किया जाता है? उदाहरण सहित समझाइए।

How main entry is done of edited books? Discuss with examples.

उत्तर– देखें अध्याय-4, प्र.सं.-5

अथवा

3.2　ए.एल.ए. व्यवस्थापन के कुछ महत्त्वपूर्ण नियमों का उल्लेख कीजिए।

Discuss some of the important rules of ALA filing.

उत्तर– देखें अध्याय-5, प्र.सं.-5

4.1　'शेल्विंग' से क्या अभिप्राय है? शेल्फ व्यवस्थापन के प्रकारों का वर्णन कीजिए।

What do you mean by shelving? Describe the types of shelf arrangement?

उत्तर– देखें अध्याय-6, प्र.सं.-1, 4

अथवा

4.2　स्टैकिंग क्या है? स्टैकिंग की विभिन्न विधियों की चर्चा कीजिए।

What is stacking? Discuss the various methods of stacking.

उत्तर– देखें अध्याय-6, प्र.सं.-2

5.0 निम्नलिखित में से किन्हीं दो पर संक्षिप्त टिप्पणियाँ लिखिए (प्रत्येक लगभग 250 शब्दों में)–
Write short notes on any two of the following (in about 250 words each):

(a) जाति-प्रजाति संबंध
Genus-Species Relation
उत्तर– देखें अध्याय-1, प्र.सं.-2

(b) डी.डी.सी. की सापेक्षिक अनुक्रमणी
Relative Index of DDC
उत्तर– देखें अध्याय-2, प्र.सं.-6

(c) प्रसूचीकरण प्रक्रिया
Cataloguing Process
उत्तर– देखें अध्याय-3, प्र.सं.-4

(d) एकक पत्रक प्रणाली
Unit card system
उत्तर– देखें अध्याय-3 प्र.सं.-4

□□□

सफलता मन की शीतलता से उत्पन्न होती है। ठंडा लोहा ही गर्म लोहे को काट व मोड़ सकता है।

Feedback is the breakfast of Champions.

Ken Blanchard

You can Help other students.
"Inform any error or mistake in this book."

We and Universe
will reward you for Your Kind act.

Email at : feedback@gullybaba.com
or
WhatsApp on 9350849407

विद्यार्थीगण GPH की पुस्तकें क्यों चुनते हैं?

 विश्वविद्यालयों/परीक्षा बोर्डों/संस्थानों द्वारा निर्धारित पाठ्यक्रमों का पूर्ण समावेश।

 आसानी से समझी जा सकने वाली भाषा तथा प्रारूप (फॉर्मेट) जिससे विद्यार्थियों को थोड़े समय में परीक्षा की तैयारी करने में सहायता मिलती है।

 हमारी पुस्तकें परीक्षा को ध्यान में रखकर प्रश्न-उत्तर शैली में तैयार की जाती हैं जिससे विद्यार्थीगण सही उत्तर को तुरंत समझ पाते हैं।

 पिछले वर्षों के प्रश्न-पत्रों को हल करके शामिल किया जाता है ताकि विद्यार्थीगण को परीक्षा के उस खास ढाँचे को समझने में सहायता मिल सके और वे परीक्षा की तैयारी बेहतर ढंग से कर सकें।

 दोनों छमाहियों (जून-दिसम्बर) के प्रश्न-पत्रों को हल करके पुस्तक में शामिल किया जाता है।

 आँकड़ों में जब भी कोई परिवर्तन होता है तो उसे अपडेट कर दिया जाता है।

 पुनरावृत्त (रिसाइकल किए गए) कागज का प्रयोग।

 सुविधाजनक आकार तथा उचित मूल्य।

 अपने सामाजिक दायित्वों के अनुरूप हम बेची गई प्रत्येक पुस्तक से समाज/संस्थाओं/एन.जी.ओ./वंचितों को सहयोग देते हैं।

NOTES

NOTES